認知症の人との絆

——支援の空白をなくすために——

藤本 直規 著

医療法人 藤本クリニック・院長

株式会社 ワールドプランニング

はじめに

　先週，大津市在住の 92 歳のアルツハイマーのお母さんを看取っ
た息子さん夫婦があいさつにこられた．8 年間の在宅介護の後，介
護施設に入所し，その後，8 年半が過ぎての看取りだったとのこと
である．この女性は，昔から働き者であったからか，毎日おせち料
理を作らなければと大騒ぎすることから，息子さん夫婦は非常に困
っていた．しかし 1 年に 1 回だけ，本当の年末と正月がくるので，
その時は，おせち料理に関われるため，非常に嬉しそうですと，ご
夫婦は話されていた．長期の入所中にも，週に何回か交代で面会に
行ったが，少しも無駄ではなかったと，穏やかに話されていた．

　この女性の振る舞いで忘れられないのは，ある時，要介護 5 の男
性がデイサービスに来ていた時，昼食後に横になっていたのである
が，少し顔が赤くなり，微熱が出てきている様子であった．高度期
のこの男性は，送迎の困難さもあり，他のデイサービスへの移行を
薦めていたが，長年大好きだったクリニックのデイサービスへ参加
させてほしいとの家族からの訴えで，週 1 回，いちばん日の当たる
場所で過ごし，みんなが声を掛けると，"オー"と返事をしてくれて
いた．この日も，スタッフが対応しようとした時，リーダーがその
動きを止めた．この女性の動きに気づいたからだった．同じような
軽度のアルツハイマー型認知症の人と 2 人でこの男性の傍に寄って，
両手をあげて，天井のエアコンの吹き出し口で手を冷やし

写真 1　体調の悪い男性利用者の看護をす
る認知症の女性利用者

ながら，男性の額に交互に冷えた手を当てていたのである．「気持ち
いいですか？」「ありがとうね」そんなやりとりだった．たまたまデ
イルームに居合わせた筆者は，軽度期の女性が高度期で体調の悪い
男性のことをみて，不安になるのではないかと危惧していたが，2 人
は示し合わせるわけでもなく，自然な動きで仲間を助けようとして
いた．この姿は，重症度の違いが仲間同士のつながりを必ずしも損
なうわけではないことを初めて実感した出来事であった．重度化し
ても，"人としての気持ち"は，変わらないということなど，さまざ
まなことはいつも本人たちから学んでいる．
　2011 年，退職直後の若年認知症の人たちが内職仕事をするため
に集まる「仕事の場」に，遠くから通っていた男性は，同じ方向に
帰る2 人の仲間といっしょに電車で帰っていたが，同じ方向に帰る
1 人が電車のホームを間違えた時，助けに行ったという．翌週，"僕
たちレスキュー隊だね"と助けた人も助けられた人も，笑顔で話し
ていた．月に 1 度，内職代金の支給日，午後 10 時になっても帰宅
しなかったことがあったが，飲み屋さんからの電話で居場所がわか
ったという．翌週，そのことを指摘すると，"給料日は飲みに行くも

のや”という言葉に，スッタフ一同“普通のことかもね”と妙に感心したことを覚えている．

　その彼は，スタッフと筆者に読んでほしいと，毎週，病気日記を持参してきた．初めは，内職から帰った夜にその日の出来事を書いていたが，そのうち，覚えられなくなると，毎朝，クリニックにくる前に“今日はクリニックに行った”とあらかじめ，過去形で書いておくようになった．理由を聞くと，“やったことを忘れるのは悲しいから，覚えている朝のうちに書いておく”“家になにかの優勝トロフィーがあるのに，どんな競技でもらったのか覚えていないとつらいだろ！”と…．ところが，毎回ていねいに読んでいたスタッフと違い，私はいつか，日記を読まずにすますようになっていた．そのことに気づいた男性がスタッフに，“先生は日記を読んでいないだろう？　もう渡さない”といったという．“ごめん，ちゃんと読むから”進行していくもの忘れのことをスタッフや主治医に伝えようとした日記は，記憶が理不尽に剥がれ落ちることによって起こる“存在の不安”を少しでも解消しようとしていた男性の支援者に向けた大切なメッセージだったのである．その男性も，「仕事の場」を卒業した後，クリニックのデイサービス「もの忘れカフェ」に数年通っていたが，時々，どこにいるのかがわからなくなりながら，お年寄りには，優しい声をかけ続け，そのうち，病状の悪化とともに地元のデイサービスに戻った．発症後約 13 年間，病名告知の時から，ごく軽度期から高度期までの若年認知性のこの男性の“声（気持ち）”に，いつも耳を傾け，その時々の，不安，悲嘆，周囲に対する怒りなどと向き合うと，その都度，気持ちは収まり，電車に乗って帰って行った．地元に戻ってから 1 年が経ち，内科の病気で身体機能が悪くなり，ほとんど寝ることが多くなったが，筆者が面会に行った時，病院のベッドの上で，順番に名前をあげたスタッフの名前に頷きな

がら，最後に，別れのあいさつをした時，"センセ，ありがとう！"
と，手を合わせて何度も頭を下げたのである．

　開業当時，京都から数年間通っておられた，80 歳半ばの進行した
アルツハイマー型認知症の女性と娘さんは，外来でひとしきり，子
どもの時の女中奉公の話をしゃべったあとで，いつも，"こんなババ
死んだほうがましやね"と涙ながらに訴えた．そのような時，娘さ
んも泣きながら，"私も忙しくて，お母さんの面倒をみられなかった，
ごめんね"と話し，"月に 1 度，守山にくると，帰りに昼ごはんを食
べて帰ることが，私の遅すぎる親孝行やねん""生きてるだけでいい
んや"と付け加えた．"本当に生きてるだけでいいか？"と確認する
お母さん．そのような会話で，数年間，京都からの通院は続いた．

　"生きているだけでいい"これが，2 人の認知症を抱えての生き方
であった．

　先日は，軽度期のアルツハイマー型認知症と診断をつけた地元の
男性には，治療としての薬の投与と，外来のリハビリである"心理
教育"に誘うことを約束したが，ご夫妻は，笑顔で"ずっと付き合
ってや"と 2 つ返事で参加を約束した．"心理教育"は，20 年間行
っているが，始まりは，1999 年当時，たまたま何人か通っていた軽
度期の歯科医師グループ数名に対しての，手探りで始めた"非薬物
療法"であった．当時は，精神科領域でうつ病などの人の家族に対
して行われていたが，認知症の人本人とその家族に対して，外来終
了後の土曜日の午後に行った．当時，抗認知症薬の発売前であった
ことから，これが唯一の治療的な行為であったが，20 年経った現在
も軽度期の人たちへの重要な治療の 1 つである．

　プロローグを書いている時に思い浮かぶ何人かの人のエピソード
を紹介したが，1999 年に開設した"もの忘れクリニック"と，若年認
知症の人が社会参加と自主活動を目指したデイサービス「もの忘れ

カフェ」，そこでの認知症の人の声と思いを 2008 年 10 月に紹介した "認知症の医療とケアの（正）と（続）の上梓から今年で 13 年の月日が経過した．その間，2011 年に退職直後の若年認知症の人が，内職仕事をする「仕事の場」を始めたことで，最初期から高度期までのケアが継続できている．そして，仕事にはこだわらない 50 歳代の若年のアルツハイマー型認知症の女性が 4 名集まったのをきっかけに，マンション 1 階の場所を借りて，街の人たちとつながれる場所 "Hej（ハイ）" を作った．デイサービスの参加者が描いた絵を加工して，かわいい顔スタンプのエコバックやポチ袋を作成し，ネット販売したり，子どもたちが集まれる場所である．また，地元のかかりつけ医たちとともに，若年認知症支援のプロジェクトとしてスタートした連携の会が第 2 世代ともいえる若いかかりつけ医の参加が増え，認知症医療と在宅医療がスムーズに移行できるようになったこと，そして，本人家族交流会や電話相談などの継続で，本人も家族も当事者同士が支え合うピアサポートの場面が増えたことなど，若年者でも 10 年以上の通院が珍しくない時代となった．

　本書はそのような人と人のつながりをまとめてみた．いろいろなご意見を頂ければ幸いである．

　2022 年 2 月

　　　　　　　　　　　　　　　　　　　　　　　　藤本　直規

もくじ

第1部

認知症の診断

認知症ケアが本人を支える，本人が医療を変える

第1部では
まず診断・治療と診断後を支える
認知症ケアに必要な
基本的な知識を整理する．
続いて
具体的な診断の過程について紹介する．

● イントロダクション

医療・ケア現場が目指すべき道

　認知症医療をカゼを診るような普通の医療風景にすることを目標に，筆者が認知症に携わって 30 年が経った．

　1990 年当時，認知症への偏見が強く残っていたにもかかわらず，国の設定した専門医療機関が「痴呆疾患センター」と，看板に"痴呆"を冠した外来がスタートした．「"痴呆"という名前の外来には本人も家族も行きたくない」という声が多く寄せられるなど，非常に受診しにくい外来となっていた．

　当時のわが身を振り返れば，県立病院で多くの認知症の人の診療をしながら診断後の支援の方法がわからず，社会的入院での家族の息抜きくらいにしかその役割を見いだせていなかった．支援してほしいことが山のようにあるはずなのに，なにを支援してほしいのかさえ気づけていない当事者に対して，医療はなにもしていないことに気づき，愕然とした．

　医師であれメディカルスタッフであれ，医療者は認知症の人との関わりから逃れることはできない．そのことに気づいた筆者が，受診のハードルを少しでも低くしようと始めたのが「もの忘れ外来」だった．疾患名ではなく症状名のついた外来としたのである．こうして筆者の認知症医療は始まった．

　そこで，求められたのは，表 1 に示したような"正確な診断""病気の情報""往診"などであった．そして，抗認知症薬のなかった時

表 1-1. 受診時の不満

- 正しく診断をしてほしい（90.4%）
- 病気の情報がほしい（85.4%）
- 経過中に起こる身体疾患，精神症状などの治療を，迅速に，本人や介護者に負担なく行ってほしい（80.3%）
- 介護者に対する支援をしてほしい（75.6%）
- 診断後になにかリハビリ的な治療をしてほしい（62.4%）
- 認知症ケアが円滑に行えるようにケアスタッフと連携してほしい（60.4%）
- 自宅に来てほしい（52%）

→病院から，診療所へ

＊アンケート対象：新患 320 名のうち他院で診断を受けた 158 名／回収率 70.4%；複数回答あり
＊アンケート期間：1990 年 5 月～1991 年 3 月まで

代であったことから，非薬物療法としてのデイサービス，実践的な認知症ケアの方法と指導，往診など，支援として必要になることの多くは，外来での話し合いから導き出された.

　もの忘れクリニックになってからは，診断から始まり，その後の治療など，若年者を含んで，本人と家族を支えるためのさまざまな取り組みを行ったが，デンマークで経験した "障害者を特別視するのではなく，障害のない人と同じように社会で暮らしていけるようにしよう" というノーマライゼーションの考え方と，「認知症の人と一緒に生活を共にしないと，私たちには認知症という病気やその人たちがわからない」と教えてくださった，故・室伏君士先生（国立療養所菊池病院）の認知症の人への対応が，クリニックの活動方針を決めた.

　ところで，私たちのクリニックでは 20 年間にわたり，診断後の本人および介護家族への関わり方の工夫を，重要な "非薬物療法" と位置づけ，そして，認知症の本人のニーズは本人がいちばんよく

知っているという考えの基に，外来やデイサービスなどで本人の言葉を聞き取りながら，支援の方法を考えてきた．

　具体的には，受診時の関わり方，診断後の薬物治療，診断後の支援の空白期間をなくすための非薬物治療である「心理教育」，「もの忘れカフェ」「仕事の場」「本人・家族交流会」「相談活動」などである（第2部参照）．

　そして，いくつかの学会で認知症専門医が誕生したが，その専門医の診断能力は高いとしても，診断後のかかりつけ医との役割分担は十分とはいえない．単なる，"顔の見える関係"というのではなく，地域の実情に合わせた，それぞれの診療をつなぎあう"連携"が必要になっている．さらに，専門医が下した診断が，介護現場での生活場面の観察によって修正せざるを得なくなることも少なくない．すなわち，ケアスタッフとのより綿密な連携が医師の診断精度を上げることにつながるだけでなく，適切なケアと必要時の薬物治療との両方を可能とする，よりよい治療に結びついている．

　ところで，ここ数年間で大きく変わったのが，診断技術の進歩と診断基準の変化である．たとえば，レビー小体型認知症（DLB）などの脳画像診断は，DATスキャン＊やMIBGシンチ＊などの導入で診断が早期にできるようになっている．また，外来で多く聞かれる「夜の大きな寝言」（レム睡眠行動異常〈RBD〉）はあるが幻覚やパーキンソン症状がなく，記憶障害もそんなにひどくない初診患者が，経過を見ているとDLBの症状が明らかになってくることが少なくない．さらに，短時間の記憶障害が出現する一過性てんかん性健忘，一過性全健忘などが鑑別に上がるが，クリニックに受診が多い軽度期の若年認知症の人にも少なくない．認知症を疑って受診する若年者の診断では，企業啓発の結果，軽度認知障害（MCI）レベルのごく軽度期の受診が増えてきており，厳密な診断のためにアミロイドPETで，

精査する機会を得ているが，軽度期での診断の確度が上がるほど，その後の心理的なサポートが重要となってくる．

　ほかにも，睡眠時無呼吸症候群とRBDの両方がある症例を経験するが，その場合は耳鼻科や呼吸器内科との連携が必要である．また，認知症の発症と生活習慣病や歯周病との関連が強調されるようになっている．いまやほとんどの診療科と診療面での連携が必要といえる．

Ⅰ 人のこころ

1.「人」の精神の働き

　人が生きていく営みの中には，知・情・意の3つの方向性があり，どの方向に突出しても，人との付き合いは上手くいかない（山鳥重：知・情・意の心理学. 青灯社, 2008）．私たちは，それらを上手く使いながら日常生活や社会生活を送っている．

　まず，おいしい物を食べたい，好きな仕事をしたい，知識を身につけたいなどの意欲（意）をもつことで，人は前向きに生きていくことができる．また，なにか腹が立つことや嬉しいことがあった時に，怒りや喜びなどの感情がわき上がり，それを時と場所をわきまえながら表現できることは，安定した精神状態を保つうえで大切である．

　このように「感情」と「意欲」は「生きるために必要な精神機能」であり，人間の最も基本的な精神機能である．

　意欲が出ず，昼間から寝ていることが多く，起きるように促すと怒ることが多かった軽度認知症の高齢女性に対して，長男夫婦が孫の幼稚園への送迎を頼んだところ，喜んで早起きをして送って行った後，昼間も身の周りを片づけたり，夕食のおかずを作り始めたりした．これは，だれかの役に立てることで社会とのつながりを取り戻したことが本人の意欲を向上させ，感情を安定させた良い例だといえる．

　次に知能は，人が人として快適に暮らすための記憶，言語などの「知

的な道具」を使いこなす能力であり，「人らしくあるための精神機能」
である．私たちが認知症の症状として理解している「認知機能障害」
は，この「知的な道具」機能の障害であり，生活機能障害を起こす．

　そのため認知症ケアの目標は，「認知機能障害」によって起こっ
ている生活のしづらさを少しでも改善することである．認知症の初
期，当事者たちは「できる限り覚えておきたい．それがダメなら思
い出す工夫を教えてほしい」と訴え続ける．病気の時期によって，
それぞれの能力に応じての工夫を共に考えていくが，軽度期の人に
対しては，「もの忘れカフェ」「仕事の場」に加えて，「本人・家
族心理教育」という"非薬物療法"の場を提供している．

　そして，これら「知・情・意」よりもさらに高度な精神機能であ
る「人格」は，十人十色，１人ひとりがそれぞれ特徴づけられる，
いわば「その人らしくあるための精神機能」である（図1-1）．

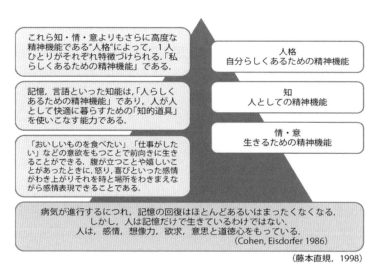

図 1-1. 人の精神機能とは

　アルツハイマー型認知症をはじめ大部分の認知症では，初期に「人格」の大きな変化がみられることはあまりない．「生真面目な人の生真面目さ」「おおらかな人のおおらかさ」などいわゆる「その人らしさ」は保たれている．そして，さまざまな支援により，「情」や「意」「人格」が比較的保たれている時期では，「知」の低下があったとしても，その人の優しさや思いやり，また少し利己的な部分や頑固な部分など，その人の人柄の幹が変わっていないことを，家族は受け入れるようになる．もちろん，あくまでも本人の生活への支援が，何とか家族が許容できる範囲であることが前提である．

　一方，前頭側頭型認知症は，記憶など「知」の障害は目立たない反面「人格」の障害が特徴的である．生活障害への困り事にも劣らず，人柄の変化についていけないことが，介護者の病気の受け入れと対応に困難にする．

2．認知症の診断に関わること

　認知症の診断では，記憶や見当識などの「知」的能力のレベルだけではなく，日常生活上，以前とは違う怒りっぽさがあるか，これまでできていたことをしなくなっていないか，社会的なルールに則った行動が取れているかなど，「情」「意」「人格」などの状態についても判断する．

【実例】

　人への配慮が行き届いた性格であった 50 歳代の女性が，人の悪口を平気でいうようになった．ある時近所で葬儀があり，悲しんでいる家族の前で「人はいつか死ぬものよ」と場所をわきまえずに話したことから，娘さんが「お母さんではなくなった」と訴

えて受診した.

　受診時 MMSE は 26 点で, 記憶の再生課題は満点であった. ところが, 診察室へ入るなり机の上の他人のカルテを手に取って勝手に点検し始める(脱抑制), 名前を聞くと「まあいいじゃないの, そんなこと」とはぐらかす (不真面目) など, アルツハイマー型認知症にはみられない症状があった.

　他院での脳画像検査を申し込んだが, 当日, 検査を嫌がって娘の車を止めて逃げ出した. 娘が追いついて説得しようとすると, 周りに向かって「助けてください. この人悪い人です!」と, 他人を巻き込んで大騒ぎになった.

　「知」の障害よりも「人格」の障害が目立つ前頭側頭型認知症のケースである.

3. 認知症の治療に関わること

　「知・情・意・人格」という精神機能を評価することは, 認知症の人への治療の効果を判断し, 経過をみるうえでも重要である.

　薬物治療などの目的は本来, 認知機能障害の悪化を少しでも遅らせようとすることにある. したがって治療効果判定のため, 知的機能を判定するさまざまな心理テストの変化を評価することに異論はないが, 最近, さまざまなサプリメントや"療法"が喧伝されており, 心理テストでの改善がその有効性の根拠にされたりしていることに違和感を覚える.

　なぜなら知的能力は, 身体状況や環境の変化に加えて, 感情や意欲からの影響も非常に強く受けることから, 簡単に「見かけ上の知的能力の低下」が起こる. 一方で, 感情や意欲の向上を図るための

ケアの関わりや身体的な改善によって，「見かけ上の知的能力の低下」を改善することができる．その結果，テストの点数も改善することもあるが，これは，本来の能力を取り戻しただけである．

　現在，私たちのもの忘れクリニックの外来では診断後，軽度認知症の人に病名とともに，生活の不具合の原因や起っている不具合には対処方法があること，病状が急激に進行することはないこと，診断後十数年も病状と折り合いをつけながら通院できている人が少なくないことを伝えることで，不安な状態を少しでも解消したいと思っている．そして，治療薬の投与とともに「仕事の場」「本人・家族の心理教育」「本人・家族交流会」「もの忘れカフェ」などの非薬物療法の場への参加を誘っている．

　病名を告げた後，「（病気とたたかう）道が開けた」「もっと早く来ればよかった」と妻が通院のたびに話し，本人がその横でうなずいている．そんな症例では，初診後半年から1年後に再検査した心理テストで，点数は維持ないし改善していることが少なくない．医師や外来スタッフに頼れる安心感から，感情（情）や意欲（意）が改善したためと考えられる．

　また「仕事の場」に参加して以降，それまで投与していた抗うつ剤や抗精神病薬の投与を中止できた若年認知症のケースも多く存在する．

Ⅱ 認知症診断の実際

1. もの忘れクリニックでの診療：本人と向き合う

　受診の早期化とともに，外来診療での本人への向き合い方も変わってきており，初診時の問診もまず本人から聞き取ることが基本となっている．薬の効果の判定や再来時の聞き取りも，それぞれ本人用の問診票を用いて行っている．

　その問診票は，「忘れて，わからんことが増えてきたわ．この先どうなるかわからんけど，話して，冗談いって，笑って，どうなろうが，それでも何とかなる！」（もの忘れカフェでの本人の言葉）というわが身に起きた事実を認識し，そしてあきらめずに覚悟をもって明日に向かって生きるという切実な願いが投げ掛けられている．これらは，初診時から認知症の人たちの不安や恐れなどの言葉を受け止め，その時々に治療の現状を正直に伝え続ける看護スタッフたちが作っている．その問いに答えるための最初の取り組みが，外来診療である．

　以下，私たちのもの忘れクリニックの外来での様子を参考までに紹介する．

1）診療の概略

　1999年4月に開設したもの忘れクリニックは，予約制で認知症患者の診療を行っているが，月に35〜40人の新患と600人前後の

再来患者の受診かある．診断目的の往診は，地域包括支援センターからの依頼で行うが，かかりつけ医との連携の充実と相談活動のおかげで，開業当初と比べて数は少なくなっている．CT，MRI，脳血流SPECT などの脳画像診断は他院に依頼している．

　若年発症者も含めて，発症初期の軽度認知症患者の受診が増えてきているために，告知後の心理的支援，病気や病状の説明と対応方法，仲間作りなど，患者本人への支援も重要となってくる．

　（1）受診が軽度化していること

　2014年4月～2018年3月の初診患者MMSEは，20点以上は63.3%で，1999年4月～2004年3月39%，2004年4月～2009年3月43%，2009年4月～2014年3月59%，2014年4月～2018年3月63.3%と，ここ20年で確実に軽度化している (図1-2)．

　（2）受診が若年化していること

　2014～2018 年の初診患者の年齢では，受診時 65 歳未満の割合は，全受診者数 2,376 名のうち，238 名で，年間平均 48 名あった．同様に，1999 年 4 月～2004 年 3 月の全受診患者 1,806 名中，受診時 65 歳未満の割合は 174 名で，年間平均 35 名であった．1999 年の開業時から若年者の受診が多いのは，認知症を対象にした精神科デイケアを行っていたため，他府県も含めて毎週 10 数名の参加者があり，他府県からの若年者の受診も増えた．現在は，診断後の若年認知症の人を支える仕組み，本人，家族，企業からの相談を受ける「若年認知症コールセンター」，企業での仕事が継続でき，退職後の支援への移行がスムーズにできるように支える「就労継続支援」，支援のための「若年認知症支援マニュアル」，かかりつけ医による「若年認知症企業研修」などがあり，退職後を支える「仕事の場」「本人家族心理教育」「もの忘れカフェ」「Hej」（ハイ）」などがあるため，若年認知症者の受診が多いと考える．診断後の"支援の見える化"である．

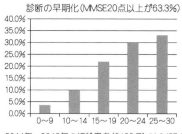

診断の早期化（MMSE20点以上が63.3%）

2014年〜2018年の初診患者（2189名）のMMSEの分布

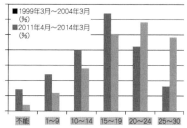

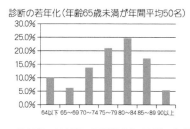

診断の若年化（年齢65歳未満が年間平均50名）

2014年〜2018年の初診患者（2189名）の年齢

認知症医療に関わって30年
受診の早期化を実感する場面
本人だけの受診が増えた⇒啓発の効果
家族同行でも軽度化している
20〜30歳代の受診もある⇒発達障害？
通院期間が長い⇒薬物治療の効果？
　　　　　　　　非薬物治療の効果？
2019年4月現在：通院中若年者104名のうち
7年以上通院22名，10年以上通院8名
診断後も，様々な"非薬物療法の場"に元気
で参加していることが，早期受診を促す

【コメント】30年前に，受診のしやすさを目指して名称を"もの忘れ外来"と
変えて開設した外来だが，受診者は徐々に軽度化してきた．背景には，軽度
者の診断直後の支援の空白をなくそうとする「心理教育」「仕事の場」「交流
会」「もの忘れカフェ」などの取り組みとその"見える化"がある．

図 1-2.　クリニック20年間の初診患者の動

2）外来診療での本人・家族支援

（1）予約時の受診前相談

　予約電話のついでに受診困難例の受診方法，症状への対応方法な
どについて家族が尋ねてきた場合は，看護師が可能な限りていねい
に答える．必要に応じて緊急受診の手配，地域包括支援センターへ
連絡，介護保険サービスの緊急利用へつなぐこともある．家族支援
は予約時から始まる．

（2）初診時の本人・家族支援：室内環境を大切にする

　認知症患者や家族が自分の気持ちを話しやすいように，さまざまな工夫を行っている．外来のドアが開くと目に入るのが，右手の棚の中に置かれた，紙の箱に入った手縫いの雑巾や牛乳パックで作った栞で，その上に「私たちの作った雑巾をもらってくださると励みになります」「お持ち帰りの方は記念に台紙に1枚シールを貼ってください」という，外来通院患者に向けて，少したどたどしい文字の張り紙が貼ってある．いずれもデイサービスに参加している認知症の人たちが作ってくれたもので，外来患者や家族に持って帰ってもらうための物作りは，彼らの社会参加のためでもある．そして，台紙に手作りのシールを貼ってもらうのは，作品がだれかの家で役に立っていることを実感したいことと，やり遂げたことを忘れないように証拠を残しておきたいからである．台紙は季節によって変わっていき，たとえば2月は，ひな祭りのひな壇が描かれた台紙に，デイサービスの参加者たちの手描きの雛人形や菱餅やぼんぼりなどの小さな絵がシールのように貼られていく．外来に来た人たちが協力してくださるので，台紙はすぐにいっぱいになる．時々，古布や牛乳パックを寄付してくださる人がいて，雑巾作りにも精が出る．待合室や診察室の棚は彼らの作品の展示スペースで，作品の説明には，洒落た文言が添えてある．

　たとえば，イノシシの人形が飾ってあった時のタイトルが，"鍋の材料"で，家族等何人もの人に大受けであった．デイサービスを紹介する時に大いに役に立っている．"こんなに頑張れるんや！"新規の患者さんも再来の患者さんも，多くの人がそんな声を上げてくれる．毎月，新しい作品を楽しみにしてきてくれる人もいる．

　最近は，新型コロナの流行の影響から，患者さん同士の接触を減らすために，デイサービスの参加者が描いた絵を加工して額縁に入

図 1-3.　作品の展示スペース

図 1-4.　待合室前にあるテーブル

れて飾ったり，かわいい顔スタンプのエコバックやポチ袋を作成して，外来に置いてある．デイサービスに参加している人が受診すると，「私が描いた絵だ」と，連れ合いさんに自慢する．
　もの忘れ外来の待合室は，認知症の人と家族が定期的に通って来て時間を共に過ごす場所であるため，待合室のアメニティを工夫することで，当事者同士がコミュニケーションを取る機会を作ることができるし，"非薬物療法"としてのデイサービスへの参加者が，後から来る人たちへのメッセージを送る場所である．

3）初診時の本人用と家族用の問診票について

　認知症の早期発見・早期治療の重要性が広く知られ，自らの意思で受診する人が増えている一方，本人に遠慮して苦労して受診に連れてくる家族も少なくない．しかし，受診に反発していた本人でも，初診時の看護師の聞き取り時に，記憶障害に苦しんでいるなどと訴えることは少なくない．そこで，本人を中心にした認知症診療のために，本人用，家族用それぞれの問診票を初診時に記載してもらい，その内容を診療時に話し合うことによって，本人が主体的に治療に取り組めるように試み（2015年5月から同年10月，図1-5-1），初診時の

図 1-5（1）．問診票

診察前にそれぞれに記入してもらい，看護師との面談で内容を確認
し，診察時に，問診票を読み上げて，項目についての差異を話し合
うとともに，両者の違いを分析した．

　受診の主な理由について，まず本人票では，「もの忘れについて」
が37.3%，「もの忘れ・家族の勧め両方」が21.5%，「（もの忘れ・そ
れ以外）両方」が1.9%であり，「もの忘れ」を主な受診理由としたの
が全体の約6割を占めた（図1-5-2）．家族票では，「もの忘れについ
て」が64.0%，「（もの忘れ・それ以外）両方」が15.5%であり，「もの
忘れ」を理由としたのは全体の8割弱に上った．
選択肢のズレがあるため，単純比較はできないものの，上記の家族
票の結果に照らして，本人票の「家族に勧められて」のうち，8割が

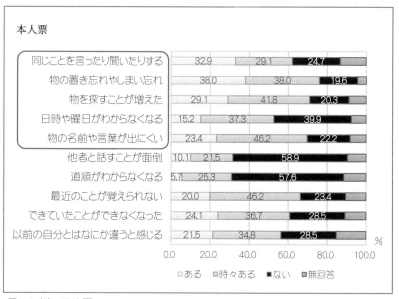

図 1-5（2）．本人票

「もの忘れ」が理由だと考えれば，「もの忘れ」を受診理由とする
割合は，本人，家族ともほぼ同じであった．

　ところで，軽度期の症状の訴えでは，本人は，物を置いた場所が
わからない，物探しが多い，物や人の名前が出ないことに困ってい
るといい，家族は，日時がわからない，直前のことを忘れたり，何
度も同じことをいうことなどを訴えることが多い．しかし，家族が
訴える“日時がわからないかどうか”を本人に聞いても，否定され
ることが多く，“もの探しをしませんか”と聞くと，肯定されるこ
とが多い．また，本人は，“忘れるというより，覚えられない”と
訴えることも多く，単純にもの忘れの有無を聞くだけでは，本人か
ら正確な返事はもらえないことになる．

　認知症の人の医療機関への受診は，本人の拒否により困難を伴う
といわれているが，本人・家族とも8割がもの忘れを理由とし，6
割が実行機能障害に気づいての受診であった．

　滋賀県からの委託された相談センター「もの忘れサポート・しが」
での相談で，「受診のさせ方が難しい」との相談が15%あった．し
かし，本人の問診票や看護師との面談での本人の訴えから，これは本
人と真正面から向き合うことでほぼ乗り越えられる，見かけ上の“受
診への抵抗”と考えている．本人用の問診票を作ったことで，認知
症診療が少しは本人主体の医療に近づいたかもしれない．

4）診断後の本人・家族支援

（1）診断と告知をその後の治療につなぐ

　発症早期に診断がついた認知症の人と家族には，原則的に病名と
現時点の状態を伝える．またアルツハイマー型認知症の場合は，次
のように伝える．

　「基本的には病気の進行は緩やかで，年単位ではもの忘れなどが目

立つようになりますが，診断がついたからといって明日からなにか
が変わる訳でもなく，いまとほとんど変わらない生活は続けられま
す.」

　彼らは，自分の身に起こっていることの自覚はあり，漠然とした
不安感や所在のなさを訴える.ほとんどの軽度認知症の人は，告知
後に異口同音に「忘れたり，上手くできなくなったりすることは，
自分がさぼっているわけではないのですね」とホッとする.

　認知機能に問題があると気づいているのに，そのことについて家
族と率直に話し合うことができないのは，本人・家族の両者にとっ
て不幸である.そして，発症初期に病名告知をしているならば，そ
の後起こってくるさまざまな症状の変化に対して，真正面から話し
合うことができ，より適切な対応が可能になる.また，診断とその
告知によって，できる限り「病気になったことはあきらめるが，こ
れからの人生はあきらめない」(「もの忘れカフェ」参加者の言葉)とい
えるように支える.

【告知後の本人の言葉】
　「先生のほうが気にしているみたいだけど，(自分は)大丈夫やで」
　「これからは，１人でイライラしなくてもすむかもしれません」
　「やっと本当のことを教えてくれましたね　ありがとうございました」
　「薬を飲んで，少しでももの忘れを遅らせることができるなら，
　　飲んでみたい」
　「やっぱりな.このごろボケが進んだように思っていたんや.だ
　　いたいのことはわかるけど，普通のことができないものなあ」
　「いま私に起こっていることは病気のせいで，私が悪いわけでは
　　ないのですね」
　「これからは，家族とも病気のことや症状のことを隠さず話せますね」

（2）薬物治療の可視化を行う

（a）抗認知症薬

　アルツハイマー型認知症の診断がついた時には，抗認知症薬を投与している．投薬開始後は本人・家族が少しでも効果を実感できるように，認知機能障害で起こるいくつかの生活障害の具体的な変化や副作用に関する生活チェックリストを作成し，診察前に記載してもらっている．

　薬物投与後，症状が一方的に悪化するばかりではなく，不変ないし改善している項目もあることがわかると，本人や家族が服薬の意味を理解しやすくなる．

　外来で抗認知症薬を処方した認知症の人と家族へ「薬を飲み始めて，どうですか？」と聞くと，「変わりませんね」「同じことを何回も聞くことが増えたように思います」とあまりよい印象ではないニュアンスの話が少なくなかった．また，定期的に入居者を診察している介護施設から届く報告書にも，認知症の人が少し活発になると「処方している認知症治療薬の副作用ではないか」と書かれていることがあった．その指摘は正しいこともあり，そうでないこともあったが，考えてみると，薬の処方をしていながら効果と副作用の観察の仕方を提示できていない筆者の問題でもあった．

　そこで，「ポジティブな変化」と「ネガティブな変化」を記載した問診票を作成したうえで，抗認知症薬を飲んでいる人の家族の協力を得て，薬を飲むこと，続けることの意義や効果を考えてもらうようにした（図1-6, 図1-7）．

　その結果，「口数が増えた」というポジティブな捉え方の反対には「何度も同じことを話すことが増えた」というネガティブな捉え方があり，同様に「落ち着いた」という捉え方の反対に「昼間に寝ることが増えた」という捉え方もあった．

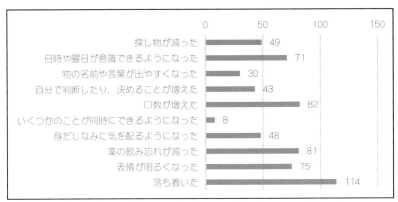

図 1-6.　ポジティブな変化

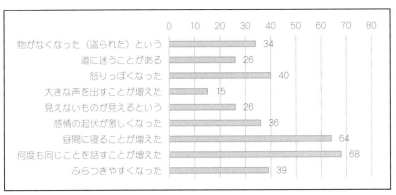

図 1-7.　ネガティブな変化

　問診票の結果をまとめた後，問診票を書いてもらった家族と話し合ったが，「何度も同じことを話すことが増えた」とネガティブな変化にしか目がいかなかった家族が，「何度も同じことばかり話すけど，よく話すようになったことはうれしいですね」などと，問診票に向き合うことで抗認知症薬の効果をある程度実感できるようになった（表1-2）．

表 1-2.　抗認知症薬問診票の結果についての家族の感想（一部抜粋）

- 皆さんが同じ悩みを抱えていることがわかった．自分の家族だけが苦労しているのではないと思え，とても参考になる「アンケートのまとめ」でした．
- 薬を飲んだ時の多くの患者さんの良い項目と悪い項目か理解できてよかった．
- 問診票に挙げられた項目をみることで，認知症の理解か深まった．
- 薬のことがわからないので問診票かあることで落ち着いて考えられました．
- お薬を飲んでの効果は目に見えてわかりませんが，飲んだほうがよいと思います．
- まとめを見て，他の人の生活状況や変化などがわかり，大変参考になりよかったです．
- 問診票か家族側の認識につながることは意識していませんでしたが，このアンケート結果を見させていただいてよくわかりました．

（b）BPSD に対する薬物治療

　BPSDに対する治療を考える時，身体状況，環境への不適応，薬物などへの配慮とともに，ケアの方法が適切であったかどうかの点検が必要である．

　具体的には，それぞれの介護事業所が情報交換シートをクリニックにもってくる．そのシートには，困り事（BPSD）の背景として考えられる「認知機能障害」についてのアセスメントと，それに対する「対応方法」「対応後の結果」が示されており，医師に対する治療への希望が書かれている．このシートのやり取りが始まってからは，抗精神病薬を処方する機会が明らかに減った．また，シートのやりとりを知ることで，本人も家族も治療のプロセスに参加できるようになった．

（3）発症初期に認知症の本人に症状を説明

（a）指導箋（せん）等の配布

診断後，本人と家族に対して，病気の症状などについて説明した"指導箋"，軽度期の病気の時期に応じた"ワンポイントアドバイス"，認知症の人が症状と対応策について学ぶ"読本"（「わたし認知症だと言われてし

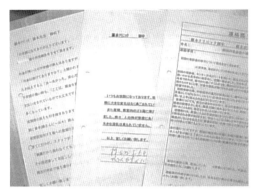

図 1-8.　介護施設からの報告書

図 1-9.　多職種連携の会（薬剤師からの講義とグループワーク）

図 1-10.　本人が読む本

図 1-11.　軽度認知症ケアマニュアル

図 1-12.
認知症の人のご家族に向けての
ワンポイントアドバイス

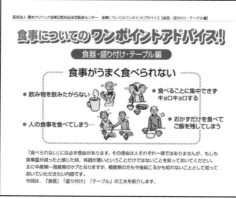

図 1-13. 食事についてのワンポイントアドバイス

まいました」ワールドプランニング，「ご本人が読む本」エーザイ株式会社），就労中の若年認知症の人と企業に対して「若年認知症支援マニュアル」などを渡している．

　（b）指導箋の内容

　本人や家族に生活のなかでの不自由さを尋ねたり，そのことが起きる理由について説明をしたりする取り組みのなかで，まだまだ私たち支援者が消極的になってしまっていることがある．それは，初期の段階から本人に向けて症状の理解について話していくということである．

　現在も，家族がもっとも聞きたいことの1番目は「直前のことを忘れるのに，なぜ昔のことを覚えているのか？」などの，身近に繰り返し起こる出来事である．生活障害の背景にある認知機能障害について説明し，生活のなかでの家族の困り事を少しでも軽減することに努めているが，家族がそれを受け入れるまでには繰り返しの説明が必要であり，指導箋（せん）を用いている．

　たとえば70歳代男性，アルツハイマー型認知症，MMSE25点，主介護者は妻という症例．本人に聞き返しが多くトラブルとなる．妻は「さっき伝えた」というが，本人は何回も「聞いてない」といってケンカになる．挙げ句には「俺のいうことをすべて否定する」と訴えていた．

【指導箋（一部）】

● 記憶障害についての説明

　このケースで次の説明をしたところ，お互いが理解できるようになり，カレンダーなどを使って予定の管理をするようになった．また，本人も「妻がそういうから本当やろ．いちばんよくわかっているわ」という言葉に変わった．

● 何度も同じことを聞いたり，話したりしているのです

　多くの皆さんが「さっき聞いたよ」「何度も同じこといって」などと周囲からいわれたことはありませんか．

　まず，最初に伝えたいことは，それはあなたが悪い，間違っているなどではないのです．ただ，周囲の人が事実でないことをいってあなたを責めているか，というとそれも違うのです．

　確かにあなたは周囲の人に同じことを繰り返し話したり，聞いたりしているのです．なぜかというと，あなたが「話した」ということを覚えておくことができない，記憶障害といわれる認知症の症状を表しているからです．認知症は身体のどこかが痛むというようなわかりやすい症状で気がつくのではなく，何度も同じことを聞いてしまうというような生活のなかでの不具合に気がつき，受診をしたことで診断を受けることができます．

　おそらくいま，（この指導箋を）お読みの人たちは皆さんそうですね．病院へ行こうと思ったきっかけとして考えれば，あなたが何度も同じことを聞いたり，話したりしたことによってだれかがいつもと違うなと気づき，診断を経て，治療が始まったのだと思います．

　ここで大切なことは，「何度も同じことばかり！」といわれたことを気にして今後，「話さないでおこう」と思わないことです．たとえ「同じことをいっているかもしれない…」と思ったとしても，その時のあなたの気持ちを言葉にしてください．

　話せる，ということを実感することはとてもよいことです．たとえそのやり取りが「何回同じことをいうの！」「何回も同じこといってない．いまが最初だ！」と腹が立ってしまうやり取りであったとしても，黙って過ごすよりは心も体も元気になるのです．

　家族なのですから，時にケンカをするのも普通のことでしょう．

仲間同士で時に言い合いをするのも普通のことです．ひとまず，そう考えるようにしてくだされば，「話せる」ことがとても大切に感じられるはずです．ただ，すべての記憶が一気に消えてしまうものではないので安心してください．

　忘れやすいのは「いま」のことです．まず，「いま」のことをどこかに書いておきましょう．書き記す場所や物は必ずわかりやすいものにして，カレンダーや手帳，ボードなど，１つに決めてください．

　ここで，気をつけたいのは，忘れそうだから，心配だからといって，いくつもの場所や物に書き残そうとしないことです．いくつもの場所をもってしまうと，覚えにくいことや，「どこに書いたかな？」とまた，そこで思い出さなくていけない事柄を増やしてしまい，結局疲れてしまうことになりますので，１つに決めることから始めてください．

　ご家族は，「そのカレンダーに書いておこう」とまず，カレンダーの存在を本人へ伝えてください．最初は覚えられないと思いますが，繰り返せば覚えられることが多いですので，少しがんばっておつき合いをお願いします．

　ご本人は，書いておくという動作を繰り返ししてみてください．頭で覚えようと必死になるのではなく，書いたから大丈夫，私はわからなくなればこのカレンダーをみればいいのだ，ということを覚えてください．

5）アクセス自由な相談電話とファックス相談

　診断・告知とともに，「今日からはわれわれとその仲間ができる限りの支援をするので，必要なら受診日に限らず遠慮なく相談を持ちかけてください」と，支援者であり続けることを表明し，利用制限なしの相談電話の番号を教えている．年間の相談件数は，通院患者約 1,100 件，通院歴のない人約 753 件である（表 1-3）．

表 1-3.　2020 年度の相談件数

区　　分	実　　績	
1）家族や保健医療・福祉関係者，認知症相談 　　医や認知症サポート医等からの新規相談	件数	753 件
	稼働月数	12 か月
2）家族や保健医療・福祉関係者，認知症相談 　　医や認知症サポート医等からの延べ相談	件数	1107 件
	稼働月数	12 か月

内　　訳		件　　数
紹 介 元	内科診療所	114
	精神科診療所	21
	病院	50
	保健所	0
	市町	0
	地域包括支援センター	68
	在宅支援センター	0
	居宅介護支援事業所	127
	他施設	43
	家族	242
	その他	88
合　　計		753 件

2．さまざまな診断後の非薬物療法：支援の空白をなくす

　診断後の非薬物療法の場は，一般に介護保険制度でのデイサービスであるが，軽度期の人は行きたがらないので，制度外での"仲間""役割""活動"がある居場所が必要となってくる．開業 21 年の間に，認知症の人と家族の状況に応じて，さまざまな非薬物療法を行ってきた（図 1-14）．

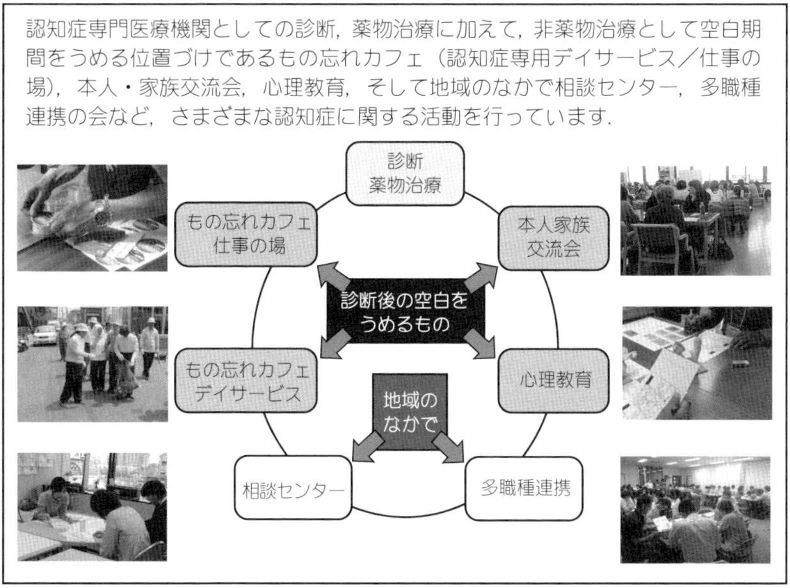
認知症専門医療機関としての診断，薬物治療に加えて，非薬物治療として空白期間をうめる位置づけであるもの忘れカフェ（認知症専用デイサービス／仕事の場），本人・家族交流会，心理教育，そして地域のなかで相談センター，多職種連携の会など，さまざまな認知症に関する活動を行っています．
診断
薬物治療
もの忘れカフェ
仕事の場
本人家族
交流会
診断後の空白を
うめるもの
もの忘れカフェ
デイサービス
心理教育
地域の
なかで
相談センター
多職種連携
図 1-14．クリニック全体の取り組み非薬物療法（1999 年～2020 年）

1）本人・家族心理教育

高齢軽度者のうち，病名告知後，病気の受容が充分でない人たちに，病気について仲間とともに学ぶ，月 2 回，1 回約 1 時間，1 グループ約 10 名の心理教育を行っている．本人には，認知症の症状について書いた冊子（本人が読む本）を読み合い，仲間同士の自由な話し合いの場と，さまざまな知的活動を行っている．また，家族へは，認知機能障害と対応などの説明とピアカウンセリングの場を提供している（図 1-15）．

2）本人・家族交流会

2 か月ごとに，本人とその家族の交流会を行っているが，毎回15～20名の認知症の人と30～50名の家族の参加がある．また，診断直後

図 1-15.　本人心理教育風景

図 1-16.　本人・家族交流会風景

の本人と介護者へは，交流会を紹介している．ミニ講義を行った後に小グループを作り，男性介護者グループや実母を介護している娘グループ，夫を介護している妻グループ，義父母を介護している嫁グループなど，家族の属性別にピアカウンセリングの場を提供している．介護サービスに結びつかない人が，交流会に参加することで，集団活動の場になじみ，人との交流に抵抗感がなくなり，地元のデイサービスを利用できるようになることが多い（図1-16）．

3）就労継続支援

　就労中に受診した若年認知症の人に対してもっとも重要なのが，現職場での仕事の継続である．診断後，本人・家族の了解を得て，職場の

上司や人事担当などと連絡を取り，必要なら，面談を行い，仕事の様子などを聞き取り，その時々の症状に合わせた支援の仕方を教える.

　就労継続支援の対象は，2014～2018 年の初診患者 2,189 名のうち，若年認知症新患数は 238 名で，就労中だった人が 20 名に支援を行い，就労継続支援期間は平均 22 か月間であった. 主な連携内容は，職務内容の報告と相談（文書・電話・面談・メール），上司・同僚への助言と心理的サポート，配置転換や休職の判断についての検討，であった（図 1-17）.

　仕事の継続ができたことで，経済的に安定し，対象となった全ケースで子どもたちの就学が継続された. また，滋賀県からの委託で，若年認知症支援マニュアルを作成し，イラスト化した支援方法を用いて，職場の人へ指導している（図 1-18，図 1-19）.

4）仕事の場

　診断後の若年認知症の人が，最終的に職場を退職となった場合，就労意欲は衰えていない彼らは，「自分のしたことが仕事として評価

図 1-17. 職場とクリニックとのファックス通信

図 1-18.　若年認知症支援マニュアル

> 50 歳代　男性　妻　子ども（就学中）1 人　アルツハイマー型認知症
> MMSE　23 点　変化に気づいてから初診まで 36 か月で，受診は会社の上司と
> 産業医から勧められた．
>
> 治療が開始された直後に，本人，妻，職場の上司と面談
> 現在の仕事の状況確認の整理をした．できなくなったことについては，本人に
> も説明をして業務から外れることの同意を得ながら進めた．支援体制は，本人
> と同職種の人員補充を行うことや，総務課の 1 名が職場内全般において支援す
> ることを確認した．本人からは「言葉が出にくいため，朝礼でのスピーチから
> 外してほしい」と要望があり，受け入れられた．
>
> | その後は，1 か月に 1 度の診察時に職場での状況把握を行うと同時に電話やメールで会社とのやり取り | 職場で活用できるパンフレットや，出張時の同伴者の注意点など，必要とされる情報提供も頻繁に行った． |  |

図 1-19.　職場における就労継続支援の実際

され，少しでも対価をもらいながらなにか社会に役立ちたい」など
と希望した．

　そこで，毎週水曜日午後 12 時から午後 4 時までを内職仕事を請け
負う仕事の場として提供している．2019 年 4 月現在の参加者は，若年
者 23 名，高齢者 7 名，平均年齢 63.5 歳，平均 MMSE23.3 点，ほかに，

図 1-20.　職場で支援するための面談用紙例

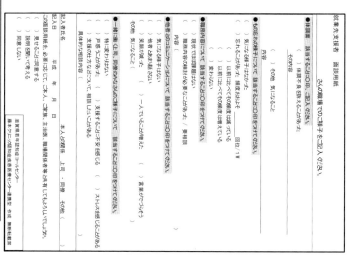

面談等を行われるには、様々な調整が必要です。ご連絡を。

正しい診断を受けるために

様子に変化を感じたら…
本人を遠巻きにせず，話をしてみてください．

・最初に確認することは，体調面についてです．
　　睡眠状態，食欲，ストレスの自覚など
・次に，職務に関することです．
　　たとえば，ミスの自覚があるか，仕事のしづら
　　さなど

産業医，産業保健師との面談も有効です．
滋賀県若年認知症コールセンターにもご連絡を…

図 1-21．正しい診断を受けるために（企業研修時に配付）

図 1-22．内職仕事風景

発達障がい者などが，毎回約 30 名参加している．診断直後の若年軽度
の人に仕事の場を紹介すると多くが参加され，「ここでは，気兼ねなく
喋れる．だれかの顔色を見なくてよい．」と，仲間とともに病気を語れ
ることと，社会参加出来ること，作業ができなくなっても，できる方
法を探せることで，診断直後の不安感が軽減されている（図 1-20−22）．

5）若年・軽度認知症の人のための自立型デイサービス「もの忘れカフェ」

　認知症専用 DS では，年齢の若い軽度期の認知症の人の受診が増えるにつれて，デイサービスへの参加を拒否することが多くなり，「もの忘れを何とかよくしたい」「だれかの役に立ちたい」など，できる限りの症状の改善や生活場面での失敗の減少を望み，社会での役割を求め，「仲間が仕事をしているのに，自分だけ遊んでいるわけにはいかない」というようになった．

　そこで，2004 年から自主活動と社会参加を重んじたデイサービスである若年・軽度認知症専用自立型デイサービス「もの忘れカフェ」の取り組みを始めたところ，若年者だけではなく，軽度高齢者も参加するようになった（図 1-23，図 1-24）．

6）アウトリーチ
（1）ケアスタッフに救われた日

　認知症医療は，診療所の中だけで行えるわけではないことを実感したのは，県立病院で"もの忘れ外来"を開設した年の 1990 年末の

図 1-23．もの忘れカフェ仲間による駅前清掃

図 1-24．もの忘れカフェ忘年会

ことである．仕事納めの最終日，緊急で受診した80歳代のアルツハイマー型認知症の男性は興奮状態がひどくて，ある精神科病院で数種類の抗精神病薬を処方されていたが，意思疎通も難しかった．息子さんは疲弊して介護放棄をしなければならない状況であったが，年末年始の休みになるが，入院するところもない．そこで，そのころ知り合った特養の相談員に電話をして相談したら，正月の間は自分に勤務が入っているので，ショートステイを利用してもらえば介護するとの申し入れであった．服薬数が多いので，徐々に減薬してもらう指示を出して，こちらの緊急電話番号を伝えた．休みの間，毎日，電話で連絡し合ったが，休み明けの診察日には，抗精神病薬が体から抜けたからか，落ち着いた本人が前に座った．父の命を救ってもらったと喜ぶ息子さんの姿があったが，ケアスタッフの心意気とケアでの関わりに助けられた．

　同じころ，パーキンソン病（おそらくレビー小体型認知症）で入院していた90歳半ばの女性はせん妄で夜中に幻覚と戦って，頻回なナースコールと大声で入院の継続が難しくなった．単身で働きながら介護する息子さんの在宅介護は限界で，緊急でショートステイをお願いした．入所後，その施設に様子を見に行ったところ，礼儀正しくあいさつをしてくださり，"息子も大変なんや"と息子さんのことを心配していた．その場を去る時，"長生きしてくださいね"と考えもなく声をかけたら，"90歳半ばの私に無責任なことをいわないでくださいね"と諭されてしまった．病院では，毎晩，寝間着を肌げて，大声をあげていた女性が，おしゃれな格好でそういって笑った．ケアスタッフの介護力のすごさを実感した私は，その後 1 年間，外来通院患者さんが利用したデイサービスや特養などへ，土日を利用してそのすべてに見学に行った．認知症医療を始めたころに，介護施設での認知症ケアが認知症の人をいかに救うのかを身にしみて経験

したことは，幸運であった．

　一方，ある特養に入所していた50歳代の女性は，言語機能が低下して，会話もままならず，生活のほとんどに介助が必要な状態であった．数年前にK大学を受診してMCIの診断を受けていたのに，その後のフォローアップがなく，入所に至っていたことも知った．家族の同意を得て，受診時の診察結果を取り寄せたが，診断は妥当であった．家族にその後のことを尋ねると，大学病院で異常ない（MCI）といわれたので，症状の進行後も受診のタイミングを図りかねていたようだ．一度は診断してもらったけれど，その後の，再受診の目安も，その連絡方法も知らされていなかった．

　診断能力は非常に高いであろう大学病院の診断が，この女性の人生を支えることができなかったという事実．そして，症状が重度化してからこの人を救おうとしているのが，地方の介護施設であること．さらに，診断後にできたこの"支援の空白"の期間が，本人と家族を苦しめたのであるが，さまざまな場面，さまざまな要因で起こる"支援の空白"をどのような方法でなくせばよいのか．この時の経験から，その後のもの忘れ外来の活動の目標ができた．医療として，診断以外に，認知症の人と家族の生活を支えるために，どのようなサポートができるのかを考え続けるようになった大きな"原体験"であった．

（2）初めて往診した日

　1995年，県立病院のもの忘れ外来へ受診していた80歳代の女性宅へ往診をした．通院3年目の高度アルツハイマー型認知症の人で，通院中は，娘さんか，お嫁さん，お孫さんが付き添って来られた．かろうじて会話は可能で，時々，笑顔で家族の名前を言えたり言えなかったりだったが，孫の"たっちゃん"だけは，覚えていた．その後，家族から"返事をしなくなった"という報告があった．

　当時の県立病院では，往診はしていなかったが，院長に聞くと，"医師会と揉めるから"という理由であった．そこで，当時の医師会長に話をしたら，認知症医療の一環としてなら構わないという了解を得た．

　往診時，玄関からの続きの部屋のベッドに寝かされていた．そして，数人の家族が心配そうに見守って，声を掛けるが反応はない．ところが，孫の"たっちゃん"が呼び掛けると，たっちゃんのほうへ顔を向けて涙ぐむのだ．偶然かと思って，他の人が声を掛けても反応はなく，"たっちゃん"の声だけは聞き分けて反応した．その後は，高度な認知機能障害の人であっても，診察中は，こちらの発言は聞こえている（聞こえていないという確信はもてない）と考えて，対応するようになった．家族には，本人にも聞こえていることを前提に話すようにお願いしている．

　県立病院での往診はその後も続いたが，他市からの要請で，診断がつかずに自宅にこもり，認知症の人と家族の会の人のつてを頼って，連絡してきた若年発症のアルツハイマー型認知症の女性への往診では，部屋の中は窓を新聞紙で覆い，薄暗い照明で，夫婦で暮らしておられた．もちろん，診断名もつけられず，症状についての知識もなく，介護保険制度もなかった時期だったので，「診断名を伝え」「症状に対する対応の方法を教え」「介護するご主人の辛さを聞く」ことしかできなかった．県立病院もの忘れ外来10年間で受診困難な若年認知症8名に往診を行った．

　他市から通っていた高齢夫婦は，奥さんが介護者であったが，開業前の最後の往診は，結果的に看取りとなった．午前5時ごろ，自宅に連絡が入り，小高い丘の上の患者宅に向かったが，救急車を待っている間に過ごした部屋は，新聞紙などが山積みで救急隊のストレッチャーが入らなかった．県立病院には車椅子を押して通ってお

られた夫婦であるが，高齢夫婦の介護がいかに大変かを象徴する部屋であった．初めての在宅看取りのケースであった．

　県立病院のもの忘れ外来を辞めて，もの忘れクリニックを開設した理由の1つに，県立病院のもの忘れ外来でも残る"受診への壁"を取り除くことにあった．外来の名称を変え，その当時珍しかった診察室へのダイレクトインの電話を引き，電話交換を通さず，主治医に直接相談ができる体制を取ったり，住民向けの啓発教室を定期的に開催したりしたが，以前より受診しやすくなったとはいえ，"困っているのに自宅で支援が受けられない人"が数多くいることに愕然とした．

　もの忘れ外来開設1年目に経験した，"ケアスタッフに救われたこと""困っているのに自宅で支援が受けられない人がいること"から，もの忘れクリニック開設の目的は，自宅への往診を中心にして，他の職種と必要時に支援方法をシェアすること，支援方法に限界を作らないことなどを目指し，"往診""行政への支援""介護施設への現地相談""多職種連携の会"など，生活の場，ケアの現場へ出掛けることを目指した．ここでは，さまざまなニーズから始まったアウトリーチについて紹介する．

　（3）クリニックのアウトリーチ事例

　図1-25は，1999年の開業以来の訪問診療の数の推移だが，開業当時は認知症の人への訪問診療に携わる人は少なく，若年者を中心として，受診できないために診断がつかない人とBPSD例への往診とともに，必要があれば看取りの往診にも出掛けていた．また，必要に応じて身体疾患や過労で外出できない介護者への往診も行った．ところが，2004年ごろから，24時間対応の訪問看護ステーションができ，さらに，かかりつけ医で在宅看取りを行う診療所も増えてきたため，われわれは，受診困難ケースとBPSDへの往診に集中するよう

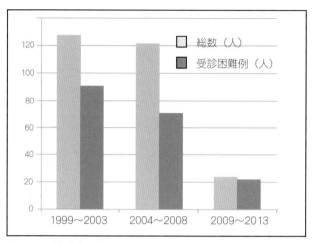

図 1-25.　往診数の推移

表 1-4.　認知症患者・介護者への往診実績（1999.03~2003.03）

総数	128 件
往診した理由	
受診拒否	90
せん妄	24
ADL 低下	11
介護者への往診	3

受診拒否，せん妄例の多くが基幹型在宅介護支援センター，ケアマネ
ジャーからの依頼であった.

にした.　また診断後のさまざまな非薬物療法や相談センターを行う
こと，かかりつけ医との連携で，受診困難者は徐々に減ってきた.
その後，初期集中支援チームの取り組みができたが，アウトリーチ
を行う認知症専門医がいれば，処遇困難ケースの多くは対応可能で
あると考えている.

（a）事例１：緊急往診

80歳代男性．１週間くらい前から，夫が夜も昼も動き回って，意味がわからないことを喋っている，と電話があった．近所の総合病院にも，かかりつけ医にも行ってくれないとのこと．2，3日前から食事量も減っているらしい．近くにいる息子さん一家が会いに来てくれるが，顔がわからず怒り出すとのこと．緊急に往診に行こうにも会ってもらえるかどうかもわからないので，妻に来てもらって，往診の打ち合わせをした．

まず，会えることが重要なので，市役所に勤めていた奥さんの元部下が近くまできたので会いにきたという設定にした．通常に診察はできなくとも，少しでも話ができればと，土曜日の夕方，車で往診に行った．

予想どおり，呼び鈴を鳴らすと本人が出てきて，"帰れ帰れ"という．乗って行った車を傘で叩いている．"奥さんの元部下です"といいながら，何とか玄関の部屋に上がって会話を続けた．２月の往診だったが，"春になって暖かいですね"というと，"２月だろ"と正確な日付をいう．一方で，"元部下"と名乗っていたのに，"あんたは何者だ"と忘れていた．見当識は案外保たれていたが，性格変化が著しかった．症状は変動し，微熱があり，徐々に食事量が減っていたため，何らかの感染症を疑って，認知症治療病棟のある精神病院への医療保護入院をお願いした．精査の結果は，神経梅毒による進行麻痺であり，治療が開始された．

【コメント】

緊急往診をしなければ，生命予後が危険であった事例である．最近，在宅への往診を行う在宅療養支援診療所との連携で，いわゆる終末期への往診は減ったが，症状の悪化，あるいは，BPSDに

よる受診困難例への往診は少なくない. できる限り早めの往診が
必要な理由は, 認知症の症状についてだけでなく, 身体疾患につ
いての定期検診も行われていないので, 診断がついた時点で重大
な病気が見つかる事例もある. 診断のための脳画像などは, 密に
連携が図れる診療所ないし病院に依頼する.

　進行した認知症の人への往診は, 必ずしも正確な認知機能 (「知」) の
評価ができるわけではないが, ある程度の記憶, 見当識は推し量る
ことができるし, 応対した際のやり取りから,「情 (感情)」,「意 (意欲)」,
「人格 (人柄)」を評価することができる.

（ｂ）事例 2：多職種地域連携の始まり

　60 歳代の BPSD が著明であったアルツハイマー型認知症の女性
で, 200X-2 年ごろより記銘力障害, 見当識障害などが徐々に悪化し,
近くの専門医を受診し, アルツハイマー型認知症の診断を受けた.

　200X-1 年ごろからデイサービスやショートステイを利用し始め
たが, 認知機能障害は悪化し, 失語, 失行どが出現した. そのころ
より, 介護スタッフへの暴言, 暴行どの BPSD がひどくなり, サービ
スの継続が困難になった. 診断した専門医を再度受診したが, 投与
された抗精神病薬によってふらつきがでたということで, 服薬を中
止し, 介護サービスを利用できないまま半年が経ったところで,
当院への往診とデイサービス利用の依頼があった.

　200X 年 8 月に往診したが, 内科疾患の治療を受けている夫が 1 人
で介護しており, 興奮を防ぐという理由で窓は覆われ, 本人は薄暗
い部屋の中を歩き回っていた. 少量の向精神薬の投与を提案したが,
以前の副作用の経験から, 夫は服用を了解しなかった. 興奮状態が
強く食事も摂りにくいため,「薬はごく少量から開始すること」「副
作用のチェックは, ケアマネジャー・市保健師が行い, クリニック

の看護師・医師への報告・相談を毎日行うこと」「いつでも電話相談に応じること」を申し入れ，クリニックのデイサービスへの参加の同意を得た．デイサービスでは，当初送迎は2人体制で，サービス中は専任スタッフが Balint症候群や左半側空間無視などに配慮した対応を行ったところ，関わりのなかでのスタッフに対する BPSDは徐々に軽快し，唄を口ずさむようになった．

　200X-1年夏，基幹型在宅介護支援センター（当時），ケアマネジャー，3サービス事業所と担当者会議を行ったが，サービスを断らざるをえなかった他の事業所に当院のデイサービスでの取り組みを見学してもらったところ，3事業所ともサービスを再開した．

【コメント】

　認知症の人の生活全体を支えようとする際には，診断後，自宅だけでなく，デイサービス，ショートステイや施設入所などでのさまざまな生活障害に対して，適切な認知症ケアのアドバイスが必要である．認知機能障害が，生活の場面でどのような生活の困難さを起こしているか？　それに対してどのような対応をすれば生活や介護が少し楽になるか？　対応の原則はそんなには多くはないので，専門医は，基本的な症状と対応の仕方は知っておくべきである．

　現地相談での現場でのアドバイスも，さまざまな多職種連携の取り組みも，その地域での認知症ケアの質を上げることが重要な目的の1つである．

　往診での診断後，高度なアルツハイマー型認知症に対する認知機能障害への適切なケア，その情報の提供が有効であった事例で，往診からクリニックのデイサービスを経て，他の介護事業所にサービスを広げることができた多職種地域連携の最初の事例であった．

（ｃ）事例３：受診が困難なレビー小体型認知症

　80歳代　女性（独居）．人が大勢外で騒いでいる，電柱に人が乗ってこちらを見ているなどの，幻覚，妄想があり，１日中寝たり起きたりの状態であった．地域包括職員が何度も訪問したが，些細なことに興奮し，訪問できなくなった．

　クリニック看護師と往診をしたが，認知機能障害があり，さまざまな幻覚，妄想を交えた話が続いた．レビー小体型認知症疑いで，往診当日に，血液検査とCTを近所のかかりつけ医に依頼し，その後，抗精神病薬の投薬で，妄想，幻覚は軽減した．

（ｄ）事例４：受診が困難な前頭側頭型認知症

　60歳代男性．雨が降っても決まった時間に，決まった散歩コースを歩き，近所の庭の花を勝手に持って帰る，注意すると怒鳴るなどの症状があり，往診の依頼があり，保健師と訪問した．雨の中，玄関先で傘をさしたまま，１時間話し続けたが，京都の話に興味を示し始め，室内で話すことができた．　会話の中に質問を織り込み，MMSEは，おおよそ10数点で，構成障害はなく，CTを近医に依頼し，前頭側頭型認知症としてSSRI（選択的セロトニン再取り込み阻害薬）を投与した．その後，２回の往診ののち，介護サービスを利用するようになった．支援の始まりは，約２時間の往診からであった．

【コメント】

　疾患が何であれ，BPSD が激しく受診が困難な事例では往診で対応することが多い．事例３は幻覚の強いレビー小体型認知症，事例４は脱抑制の強い前頭側頭型認知症と考えるが，状況に合わせた対応（事例３では，幻覚を否定せず，興奮が収まるまで待ったこと，事例４では，興味をもてる話（京都の話題）が見つかるまで玄関先で待ったこと）で，診断へのきっかけを作った．また，

その際，脳画像による評価は，連携をしているかかりつけ医に依頼して，往診当日に緊急 CT を施行してもらった.

（e）事例 5 ：往診から始まる支援（1）

80 歳代男性，独居. 地域包括支援センターからの依頼で往診した. 隣に長男一家がおり，「男の人がお風呂に入りに来る」「女の人がアイスクリームを食べている」と，木刀をもってウロウロしていた. 2 年前から 2 回外出しただけ. 2 日間寝ていることもある. 着替えはしていない. 今年になって幻視が出ており，また，鍋焦がしが多くみられたり，ゴミを集めてくる. 食事は，カップ麺，アイスクリームのみ.

初回の往診を行い，その後，訪問診療を行っている連携の会に参加している内科医に身体疾患の診療をお願いした. 幻覚，妄想に対して抗精神病薬を少量投与し，落ち着いたところでCTを施行した. 臨床症状からレビー小体型認知症として，デイサービス 5 回／週，訪問看護，訪問介護を導入した. 連携の会のメンバーである訪問診療を行っているかかりつけ医と包括職員，ケアスタッフとの連携がスムーズに行えた.

（f）事例 6 ：往診から始まる支援（2）

70 歳代女性. 202X-3 年，寝たり起きたりの生活になっていて，買い物などへ行かなくなった. 地元の地域包括支援センターが，県立病院を紹介したが，受診せず. その後，202X-1 年，再度，地域包括支援センターが，長女に電話したが，医療機関の受診も介護サービスの利用もなかった.

夫は，知らない人がくると本人が混乱してしまうからと，支援者を入れない. 夜間は 15 分おきに起きて，食べ物を探すか，トイレに行くことの繰り返しで，室内のどこへでも排泄するとのこと. 202X

年に往診したが，"悪くないです""大丈夫です"を繰り返しながら，部屋中を，幻視と話しながら歩き回っていた．会話の中で，夫や娘のことは認識しているが，日時や時刻はわからず，前日訪問した保健師のことは覚えていなかった．夫は自分が我慢すれば何とかなると支援を拒んでいた．

　特定不能の中等度の認知症として，幻視に対して抗精神病薬を，夜間不眠に対して，睡眠導入剤を処方したところ，幻視がなくなり，夜間眠れるようになったことから，夫も娘も介護保険サービスを受け入れるようになった．

【コメント】

　事例5と事例6は，家族が診断や介護サービス利用の意義を理解していない事例で，家族が何とか我慢すればよいと日々を過ごしており，介護が破綻するまで，地域包括支援センターに情報が入らない，ないしは，支援につなごうとしても，本人が拒否するため，受診につながらなかった．認知症の受診は，非常に早期化している一方で，介護力が乏しい場合は，手間のかかる受診への手順を踏むことができず，介入が遅くなることがある．

　ところで，認知症の診断後の治療やケアの方針については，認知症本人の立場と，介護家族の立場では，方針が異なることがある．本人がしてほしいこと（デマンド：たとえば，1日寝たり起きたりしながら家にいたい．なにも困っていないから）と本人にとって必要なこと（ニーズ：治療可能な認知症の除外から始まって，診断後の薬物治療と介護サービスなどによる支援）を本人と家族に理解してもらうことが必要である．

　いわゆる初期集中支援チームの目的は，"ほっておいてほしい認知症の人本人"と"支援を望もうとしない本人に介入してトラ

ブルを抱えることを避けたい家族”とに，いかにチームとしてトータルに支援するかであるが，診断だけではなく，心理面も含めた支援の始まりとしてのアウトリーチである往診が重要である．

（ g ）事例7：生活場面を知るケアスタッフの力

　60歳男性．X-1年初めごろから金銭管理ができなくなり，手持ち金を一度に使うことがあった．また，近所の庭先に入って，花を盗ったり，郵便物を持って帰ることもあったが，X年某院で，専門医からアルツハイマー型認知症と診断を受け，特養に入所した．

　入所後，床に落ちている食物を拾い食いしたり，食事の際に，横の入所者の食べ物を盗食するようになったため，特養のケアスタッフが，“前頭葉症状”ではないかと，再診断とケアへの指導目的で，当院に往診要請があった．

　往診時，デイルームで診察をしたが，日付を聴くと「わからんが，日本晴れ」と答えた（考え無精）．また，おやつの配膳車がくると自分の分のほか，敏捷に動いて，配膳車の上から他人の菓子を取って戻る（脱抑制）．また，食堂の開き扉をスタッフが閉めていくたびに，2人掛けのソファーを押して行って，扉が閉まらないようにロックし，スタッフが元に戻しても，同じ行動を常同的に繰り返すなど，典型的な前頭葉症状があり，前頭側頭型認知症と再診断し，ケアの指導を行った．

【コメント】

　他の専門医が診断をつけた認知症の人を介護現場で受け入れていると，ケアスタッフがさまざまな症状に気づくことがある．主にはアルツハイマー型認知症と診断がついていた事例で，症状の変動や幻覚や頻回の血圧低下などの自律神経障害によってレビー小体型に気づいたり，常同的な行動で，前頭側頭型認知症を疑ったりするこ

とがある．診察室の中だけにいる専門医よりも，生活の場で時間を
共有するケアスタッフのほうが症状を把握していることがある.「生
活の時間を共にしないと認知症の人を理解できないんですよ」と教
えてくださったのは，恩師・故室伏君士先生である.

【故室伏君士先生の教え】

　1990年11月，熊本県菊池郡にある国立療養所菊池病院で1週間の認知
症対策医師研修を受けた．その初日，菊池病院の研修センターの講義室で，
全国から集まった14人の医師が顔を合わせた．教壇の上では物腰の柔らか
な室伏君士院長が笑顔でわれわれを迎えてくれた．開講式を簡単に終え，
院長はさっそく認知症の定義から話を始めた．いままで読んだどの教科書の
記載よりも系統的でわかりやすく，具体的な話であった．まるで菊池病院認
知症病棟開設以来の14年間に接したすべての認知症の人のことを，まるご
と覚えているかのようでもあった．昼からは認知症病棟の見学が組み込まれ
でいた．ここで気が抜けると思っていたらとんでもなかった．50人の認知
症の人の中で自由行動を命じられたのだ．そこで私は認知症に関する知織を
動員して患者と意思疎通を図ろうとした．しかし認知症の人たちは，私たち
が一見の客であり，認知症の「人」にではなく「症状」に興味があるのだと
すぐに見抜いてしまい，心を閉ざした．気がつくと研修生たちは，広いホー
ルの端にある木製のベンチに1人また1人と所在なく腰を下ろし始めた．
そのうち妙なことに気づいた．病棟の担当医の姿がみえないのだ．どこにい
るのだろう？　その疑問は昼食時になって解決した．担当医たちは白衣を脱
ぎ，寝ている人や車椅子の人に食事を食べさせていたのだ．それだけではな
い．入浴も介助していた．主治医は認知症の人たちの日常風景の中に完全に
溶け込んでいた．混乱した私たちは，昼間見た光景についてその日の夜遅く
まで議論した.「認知症の人は手がかかるから，看護師たちの負担を取るた
めだろう」結論はおおむねそんなところに落ち着いた．翌日われわれは主治
医にその理由を尋ねた．答えは予想外のものであった.

　「認知症の人といっしょに生活を共にしないと，私たちには認知症という病気やその人たちがわからないのだよ．これは院長の方針でもあるのです.」

　室伏院長のあの講義内容は，14年間認知症の人と生活を共にすることによって蓄積された経験を体系化したものだったのだ.

　1週間の病棟見学で多くの認知症の人と顔見知りになり，同じように見える症状も1人ひとり違っていることもわかった. 室伏院長が講義のなかで繰り返し強調されたとおり，認知症の人の立ち居振る舞いは「認知症という障害をもちながらも，そのなかで何とか彼らなりに，一生懸命に生きようと努力している姿，あるいはそれができなくて困惑している姿」であった. 認知症を理解するということは，認知症をもった1人の人間の苦しみと病気と闘っている努力の尊さを理解することだ. そしてその努力する姿は，たまたま介護する立場に立った私たち自身の生きていく支えになるのだ. だから菊池病院の認知症病棟の看護スタッフたちが生き生きと働いていたのだろう. 在宅の認知症の人を抱える家族に比べて，菊池病院の看護スタッフは恵まれすぎているという批判は，そのとおりではあるが正当ではない. 認知症ケアの困難さは，病気の症状の無理解によるとともに，家族に対する支援が不十分である証拠ではないか. 支援方法を充実させることで菊池病院のようになれるということは，認知症問題にとって大きな希望であった.

　研修最終日の朝，研修修了証書のお返しに，研修生全員から室伏先生にペアの双眼鏡が手渡された. 忙しい研修の合間にみんなで熊本市街まで出て選んだものだ. 14年間単身赴任の院長に，だれかが「寂しくありませんか？」と訪ねた時の返事が感動的だった. 「遠く離れた2人が，毎晩同じ時刻に同じ月を見るのです. そうすると心が1つになり寂しくありません. 」

　本当に毎晩，午後8時に空の月を見ておられたのだ. 横浜の自宅におられる奥様と同時に. 医療でも福祉でも「人」と関わる仕事に就く際にもっとも重要な資質である「感性」という言葉を考える時，真っ先に思い出すことである.

　（h）事例 8：公立病院入院事例

　50 歳女性. 若年性アルツハイマー型認知症, 大腿頚部骨折で公立病院入院中. 入院治療に適応できず, BPSD 出現, 病棟から地域包括支援センター経由で看護スタッフへの指導の依頼がきた.

　診療終了後にクリニックの看護師と 2 回訪問した.

- ・指導内容：認知機能障害への対応, BPSD の理解, 家族支援.
- ・経過：家族への説明と傾聴→退院に向けての調整→ケアマネジャーへの助言.

　公立病院入院中で, 入院中の BPSD への対応と, 本人と共依存関係の夫への相談が主な依頼内容であった. 行政からの緊急要請で, 外来診療後, 午後 7 時から病院訪問, 約 2 時間対応, 2 回訪問, その後, 夫と看護師が数回電話による相談・カウンセリングに応じた.

【コメント】

　入院中の事例で, 行政から支援の要請がきたものである. 整形外科看護スタッフ, 神経内科看護スタッフ, それぞれとミーティングの時間をもち, 介護サービス利用を拒否している夫への指導とカウンセリングを行った.

　入院中であり, 訪問に続いての夫からの電話相談も診療報酬を請求する対象にならないものであったが, 制度にのらない活動でも必要があれば行うことにしているのは, 非薬物療法における「本人家族心理教育」,「本人家族交流会」,「仕事の場」などと同じである.

7）往診のまとめ

　図 1-26 は, 2018〜2020 年度の往診 33 名の内訳で, 多くは幻覚, 妄想, 暴力行為, 脱抑制などの BPSD により受診できないケースであった. 往診後, 全例で介護サービスの利用に繋がった.

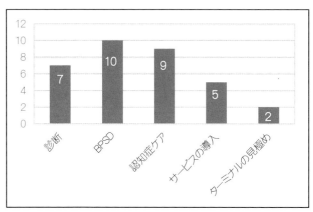

図 1-26．往診 33 名の理由（2018～2020 年）

8）初期集中支援チームについて

　初期集中支援チームには，2017 年から関わっているが，往診例のように診断がついていない事例もあるが，専門医の診断後，支援チームへのつなぎができていないケースが多かった（p 178 の虐待事例）.

　ところで，本著で繰り返し述べているように，軽度期で受診に繋がらない認知症の人については，さまざまな手段で受診に結びつけるように工夫が必要である．軽度期の人への意に沿わない訪問は，その後の支援をさらに困難にするので，避けるべきである.

　初期集中支援チームの対象は，支援に結びついていない高度ないし BPSD 事例と発症初期の軽度例といわれている．しかし，診断初期の軽度期の人は，病気であることの受け入れ，仲間との出会いとピアサポート，軽度期の認知機能障害の対処方法を仲間とともに学ぶことが必要である．また，軽度期の認知症の人の家族もまた，近時記憶障害だけでなく，家事にしても，趣味にしても，やろうとすることが上手くいかず，途中で投げ出してしまうこと（実行機能障害）について，"サボっている""やる気がない"と，無用に励ましたり，

叱責したりする. 多くの軽度期の人には, 自分の意思で受診してもらい, 病名を伝え, 家族共々, 病気の受け入れと仲間作りの場を提供する. したがって, 軽度期の人は, 初期集中支援チームとは別の枠組みの支援が必要であると考える.

9) ニーズがあれば行うこと, ニーズがなくなれば止めること:
　　　PDCA サイクルで行うこと
　（1）訪問看護

1999 年当時, 主にデイサービスへの利用に拒否的な人に, 訪問看護で家族以外の第三者との交流を図ることにした. その当時, 訪問看護ステーションができたばかりの時で, 認知症の人への支援としては, 身体疾患のための訪問看護が主なものであった. 開業後の 5 年間に 29 名に訪問看護を行ったが, その後, 21 名がデイサービスに参加するようになった (表 1-5). また, 外出のできない介護者 12 名に対しての体調管理と, 心理的な支援で訪問看護を行った. しかし, 24 時間対応の訪問看護ステーションが増えたことから, クリニックでの訪問看護は中止した.

（事例）

　50 歳代後半, 女性, 記憶障害を訴えて受診した. MMSE27 点, 脳

表 1-5. 訪問看護の実績 （1999.04~2004.03）

訪問看護対象者：29 名（ケアマネからの紹介／男性：10 名, 女性：19 名）	
アクティビティ	21 名
介護者援助	13 名
服薬管理	8 名
（21 名がデイサービスへ参加となった. 人数は重複カウント）	

画像の結果，MCI due to アルツハイマー型認知症と診断した．東京
の国際機関での顧問の仕事のために定期的に新幹線で東京に通って
いたが，東京都内の移動が徐々に厳しくなっていった．退職して介
護にあたっていた夫は，詳細な介護日誌をつけており，通院の度に
分厚いファイルを持参した．夫は本人の公的な役割を大事にしたい
と考え，1年半後，東京駅で迷子になるまで，東京行きを止めなか
った．また，自宅での生活でも，本人の意向を尊重しようと，でき
難くなっていた家事を1人でさせようと励まし続けため，本人の不
安が強くなり，夫と言い争いが増え，夫の認識も怪しくなった．BPSD
の出現とともに，遠方への通院が難しくなったため，往診と訪問看
護で対応することにした．
　本人の症状の観察，薬物治療，室内のバリアフリー化へのアドバ
イスと，夫の体調管理と介護に関する相談に応じた．介護保険制度
が始まったばかりだったが，繰り返しの往診と訪問看護で，在宅サー
ビスに繋いだ．
　（2）マンションでのデイサービス
　開業当時，デイサービスの1ユニットを，マンションで行ってい
た時期があった．そして，デイサービス利用の若年性認知症の人で，
ショートステイが困難であった人に対して，スタッフ2人がマンシ
ョンに泊まって，夜間の行動を見守り，入浴介助を行った．そして，
他の法人のスタッフに，見守りと入浴時の支援の"工夫"を伝えた．
クリニックの通院患者と家族のニーズを考えて，必要と考えるサー
ビスを再構成したのである．

【コメント】
　認知症の人と家族に必要なこと（ニーズ）に対して，できること
（医療サービス）を行うこと，行った新しい医療サービスは，その

効果を検証しながら，有効なら継続し，効果がないか，あるいは，他の制度で置き換えることができる場合，そのサービスを終了した．クリニック21年間の試みのなかで，終末期の人に対する往診や訪問看護は，24時間対応の在宅療養支援診療所や訪問看護ステーションが充実したことに合わせて，そこにバトンタッチした．また，マンションでのデイサービス＆お泊まりは，行政の支援によるデイサービスセンターでのお泊まり制度や小規模多機能型サービスが広がったことを契機に終了し，若年軽度認知症自主活動型デイサービス“もの忘れカフェ”を始めた．現在いわれているPDCA（Plan；計画，Do；実行，Check；測定・評価，Action；改善）サイクルによるサービスの展開であるが，医療や介護の状況や認知症の人や家族のニーズに合わせて支援の空白を埋めていった．

3.　診断に関するピットホール

　認知症の診断については，いくつかの診断基準があり，それに準じて診断をする．診断の基準は，記憶障害が必要条件であり，そのほかに，十分条件として，情緒的不安定性，易刺激性，無関心，社会行動における粗雑さがある（DSM-Ⅳ）．知・情・意・人格のうち，「知」が必要条件で，「情」「意」「人格」が十分条件である．すなわち，記憶障害があり，感情や意欲や人柄のどれか1つ以上のところで，問題が起こっているのである．しかし，記憶を中心にした「知」は，一般的には，年齢とともに変化すると考えられているため，家族は，診断がついたあとでも，“年のせいのもの忘れ”との区別がつき難いことがある．さらに，受診が早期化すると，食事を食べたことを忘れるといった“悪性のもの忘れ”のレベルではなく，食事の内容を一部忘れるといった“良性のもの忘れ”のレベルで受

診することが多くなっている．したがって，認知症の啓発をすると
必ず聞かれる"どんなときに受診したらよいか？"という質問には，
正確には答え難い．強いていうなら，もの忘れが気になったら，"ま
ず，受診してみること"と答えている．以下に，生活上の些細な変
化を見逃さないで受診した事例をいくつか紹介する．

1）些細な生活上の変化を見逃さないこと

　家族が生活上の微細な変化に気づいたことで，診断に結びついた
事例を紹介する．いずれも，心理テストなどの点数の評価ではなく，
生活での異変を周囲が発見したことが診断のきっかけであった．
　（1）慢性硬膜下血腫（図 1-27）
　①69 歳男性：2000 年春，男性と妻と次男が「なにかおかしいか
ら診察してほしい」と受診した．神経学的には局所兆候はなく，
MMSE は 28 点で，時間の見当識：1 点，3 単語遅延再生：1 点であ
った．特に異常がないと伝えると，妻が「いつものお父さんと違う．
今日 CT をとってほしい」と強く求めた．その理由を聞くと次のよ

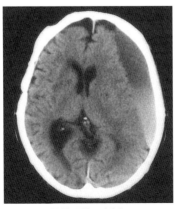

図 1-27.　慢性硬膜下血腫

うな説明だった.

　「毎晩，ビールとつまみを冷蔵庫から出して晩酌をする．飲み終わ
　　ったらいつも残ったおつまみを冷蔵庫に入れ直すが，ここ2日，
　　冷蔵庫の扉を閉めないで立ち去るのは，お父さんらしくない.」

　CT の予約枠に空きはなく，緊急 CT を撮ることをためらったが，
強い希望を受け入れたところ，左前頭葉から側頭葉にかけて慢性硬
膜下血腫があり，緊急手術になった.

（2）脳梗塞

　X年冬，循環器病棟に入院していた 72 歳男性の診察を，病棟の
看護師が依頼してきた.

　「夕食の食器を返却するときに，いつも食器を揃えて返すのに，
　　今日に限って食器がバラバラで，なにかおかしいので診てくだ
　　さい.」

　外来が終わった直後で正式な依頼ではなかったが，日時などを尋
ね，運動まひの有無などを簡単に調べたところ，質問に対する応答
も含めて異常はなかったので，簡易的な診察で終わった.

　ところが，横で診察風景を見ていた看護師が「いつものように，
全部診てください」という．そこで改めて，ベットサイドで手順の
とおりに神経学的所見を精査したところ，左右がわからない（左右失
認），手指がわからない（手指失認），計算ができない（失計算）の症
状があり，Gerstmann 症候群であった．CT で，左角回の脳梗塞が認
められた.

　看護師が生活上の微細な変化を見逃さなかったために診断がつい
た症例だが，一瞬，筆者は「食器の返し方くらいに引っかかるなん
て！　大したことないのになあ……」という気持ちが働いて，危う
く，食器の返し方の変化という些細なことを見逃してしまうところ
であった.

（3）脳出血（図 1-28）

50 歳女性．主訴は集中力低下，記憶障害．

3～4 日前から，ゴミ出し後にゴミ箱の掃除を忘れたり，洗濯物が干したままだったり，夕食の食材の不足分を買いそびれたり，食後の食器洗いが非常に遅かったり，食事をいつもより 2 時間早く準備していて，夫もいるのに女性だけで食べていたという．本人は「自分が壊れていくようだ」という．

それ以外は特に問題はなさそうだが，緊急で時間外に受診してもらった．診察では，明らかな運動まひなどの異常はなかった．MMSE28 点（場所の見当識：1 点，3 単語遅延再生：1 点），五角形，立方体の模写正常，言葉の流暢性テスト category 9 個，letter 5 個，SDSうつスケール 38 点（正常範囲）．

意欲低下があり少し元気がないように見えたことと，2 日前の急な出来事の原因がわからなかったため，CT のある近くの神経内科の診療所に連絡して，緊急で CT の依頼をした．すると視床出血があることがわかり，近くの総合病院脳外科に緊急入院となった．

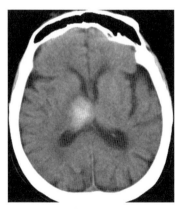

図 1-28.　脳出血

　運動まひなども出なかったが，診察当時に少し元気がないように
見えたのは，ごく軽度の意識障害のためだったのだろう．生活レベ
ルの異変を見逃すと大変なところであった．
　（4）脳腫瘍の急性悪化（図1-29）
　50歳女性．週末の夕方「2週間前から頭痛，集中力低下と，職場
で上手く言葉が出ない，自分がなにをしているかわからなくなると
いう症状が出現した」と受診予約の電話がかかってきた．「3週間前
にはなかった症状」と夫が訴えたため，通常診療の終了後に緊急枠
として診察を行った．
　MMSE21点，構成障害あり．局所兆候としては，運動まひはない
が，左顔面神経まひが認められた．当日，近医で緊急CTを撮って
もらうと，右前頭葉に周囲の浮腫を伴い，脳実質を圧迫している脳
腫瘍が認められた．当日，総合病院の脳神経外科に緊急入院となり，
翌日緊急手術が行われた．
　若年期に急激に起こった認知機能障害であったが，異常に気づい
た夫の訴えで緊急に診療したもので，週明けまで診療を先延ばしに
していたら，脳浮腫で生命に危険が及んでいたものと考える．

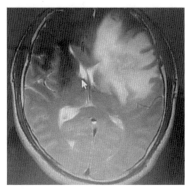

図1-29. 脳腫瘍の急性悪化

（5）アルツハイマー型認知症＋外傷性脳出血

83 歳女性．アルツハイマー型認知症に外傷性脳出血が加わった症例である．

初診時には記銘力障害，見当識障害，失計算が認められたが，失行，失認などはなかった．MMSE6 点，CT や MRI で脳萎縮が認められ，脳血流検査では右頭頂葉のみに脳血流低下が認められた．アルツハイマー型認知症として，経過を見ていたが，N-ADL は 47 点，FAST（Functional Assessment Staging of Alzheimer's Disease）ステージ 4 と日常生活がやや困難な程度であった．

外来受診後，ホームヘルパーの訪問やデイサービスの利用などにより症状は徐々に落ち着いた．初診から約 2 か月後にデイサービスに参加した際，「トイレの場所がわからず失禁する」「椅子に座れない」「服の着方がわからない」「皿や茶碗の位置がわからず 1 人で食事ができない」など，生活能力の急激な低下がみられて緊急受診となった．

受診時，視線が虚ろで定まらず，眼前の 2 本の棒の遠近がわからないなどの Balint 症候群と着衣失行が認められた．日常生活では，着脱衣，摂食，排泄などに介助が必要で N-ADL は 20 点，FAST ステージ 6 と著しく低下していた．

急激な生活能力の低下を来したことから，新たな器質性脳疾患を疑い，緊急 CT を施行したところ，初診時脳血流が正常であった左頭頂葉に外傷性脳血腫が認められた．1 週間の経過で，症状は改善した．

一般に，認知症の進行とともに生活能力は徐々に低下するが，本例のように急激に ADL の低下を来した場合は，何らかの器質性脳疾患を合併した可能性を考えなければならない．

【コメント】

比較的急性に発症した認知機能障害は，家族が生活上，普段の

様子と異なることに気づいて緊急に受診を希望することが多い．そのためには，医療には緊急の受診希望に対応できる体制が必要である．すなわち，医療機関の"相談しやすい窓口""必要なら時間外でも対応するという方針""緊急に対応を依頼できる連携機関"などが必要である．

2）認知症と鑑別診断が必要な疾患

　従来は，アルツハイマー認知症などの変性型認知症と鑑別診断が必要な疾患としては，慢性硬膜下血腫，甲状腺機能低下症など，いわゆる"二次性認知症"が主なものであった．ところが，若年認知症などを中心にして，早期受診が進むと，多くの専門医が診断に関わるようになり，さらに診断の精度が上がるようになってきた．以下に，てんかん性疾患を中心にした事例を紹介する．

　（1）レビー小体型認知症（図 1-30）

　60 歳代，男性

夜中に寝言が多い，物探しが多くなったと訴えて，受診となった．20 年前に睡眠時無呼吸症候群（SAS）との診断を受けたが，放置していた．仕事上，法人化に向けて準備をしているが，プレッシャーになっていた．1 年くらい前から，夜中に 2 階まで聞こえるような寝言をいうようになり，手足をバタバタと動かし，布団を蹴っていた．また，泥棒が入ってきたという夢を見た．

　心理テスト：MMSE29 点，MOCA-J25 点，脳画像：脳萎縮，脳梗塞，腫瘍性病変なし，内側側頭部萎縮なし，SPECT で，両側頭頂部，両側後部帯状回，右側後頭葉内側にも軽度の血流低下あり，DAT スキャンで，DLB パターン，呼吸器科に睡眠時無呼吸症候群（SAS）の精査を依頼，治療が必要な SAS で，CPAP が開始され，呼吸器科の診療所に紹介した後，ドネペジルの投与を開始した．

図 1-30.　レビー小体型認知症

（2）一過性全健忘（TGA）

　54 歳男性．X 年，納品のために車で他府県の目的地に向かう途中，急に行き先がわからなくなってしまった．携帯で会社に電話して聞き，再度得意先に向かったが，すぐにどこに行くのかを忘れる，ということを繰り返した．

　最終的に目的地にはたどり着いたが，納品する物を確認しながら，相手にも聞きながら，という状態であった．手順さえ聞ければ普段と変わらず振る舞えるが，すぐに次の手順を忘れてしまい，探り探りの納品になった．得意先は，普通にできることと，知っているはずのことを聞かれるという両方が混在することに非常に戸惑っていた．

　そして，帰宅途中で記憶が戻ったが，会社に戻った際に，得意先へ行ったことも，そこでの出来事もまったく覚えていなかった．

　翌日クリニック受診となった．神経学的には運動まひなどはなく，MMSE 30 点，HDS-R 30 点で，他院に依頼した MRI，SPECT，脳波などには異常はなかった．

【コメント】

　診断は臨床症状から容易だが，てんかん発作や頭蓋内の器質的な疾患を除外するために，脳波や頭部 MRI 検査を行う．TGA 発作は特別な治療がなくても，自然に 24 時間以内に治ってしまう．診断がつけば，この病気の予後が良好であること，脳血管障害の前兆とはならないこと，脳内に重篤な病気はなく発作前後の記憶障害であること，記憶以外の脳機能にはまったく異常がなかったことなどを理解してもらい，安心してもらう．

　クリニックの外来にも，TGA の発作時あるいは発作がおさまってから，認知症を心配して受診するが，年間 2〜3 名と，少なからずいる．本人の不安感は大きく，速やかに受診できる体制が必要である．ゴルフ中にゴルフ場からクリニックの緊急電話に受診依頼がかかり，診断をした事例もあった．

（3）一過性てんかん性健忘（TEA）
50 歳代，男性．
　記憶障害を訴えて受診．神経学的には特記すべき局所的神経兆候はない．心理テスト：MMSE 29 点，MOCA-J 26 点，脳画像：海馬の萎縮，虚血性病変なし．SPECT で，両側頭頂部，両側後部帯状回，右側後頭葉内側にも軽度の血流低下あり．初期の AD の可能性を考えた．

　妻が，数秒から 30 秒程度家族からの呼び掛けに応じず，ボーッとして，身体がかたまっている状態があることを訴えたため，記録を依頼した．

　発作中の記憶はなく，前後の健忘もあり，娘さんの新居の場所を忘れていた．また，テレビなどで見た風景を懐かしく感じた後，ワーッと叫びたくなる怒りの気持ちが出現するとのことであった．

　服を買いに行って，帰る途中に"気に入った服見つかってよかっ

たね"というと，"服ってなんだ"という．"服買ったやん"という
と"服買ったのか"という．"朝なにしていた"というので，説明す
ると思い出したようだ（妻の記録から）.

　てんかんを疑って脳波を依頼したが，頻発する右側頭葉起源の棘
波が認められた．また，MRI で，右扁桃体の腫大の可能性が指摘さ
れ，FDG-PET で同部位の集積が低下していた.

　側頭葉てんかんと診断され，カルバマゼピン 100mg 3 錠分 3 後が
開始された．受診時の主訴は，記憶障害であったが，脳画像の結果，
MCI と診断したが，その後，家族が上記のような行動を思い出した
ため，てんかん性健忘と診断された.

【コメント】
・一過性てんかん性健忘は，中高年のてんかん患者に起こりやす
　い一過性の健忘で，意識は正常で周りからみても異常な行動は
　みられないが，記憶が完全に失われる発作である．発作の持続
　時間は 30 分から 60 分くらい.
・基本的には記憶を失うだけで意識障害もなく，おかしな行動も
　ない．いまの記憶を保持できない前向き健忘と昔のことを忘れ
　てしまう逆行性健忘が認められる．脳波でてんかん脳波がみら
　れることが多く，抗てんかん薬の服用で治癒する．TGA と異なり，
　再発しやすい.

（4）自己免疫性脳炎
60 歳代男性.
　201X-2 年ごろから，口をペロペロした後，その後，会話が成立し
ない状態が約 1 時間続いたため，某院受診，MRI & MRA 異常なく，
脳波では焦点のはっきりしない spike & wave が認められた．SPECT

では，左側頭葉の血流低下があった．MMSE は 29 点，HDS-R 30 点
であった．抗てんかん薬で，発作はなくなったが，怠薬すると発作
が起こった．

　201X-1 年ごろより，かかりつけ医に辿り着けなかったり，入院中
の前日の検査を忘れていたり，病棟の自室に帰りつけなかったりす
るエピソードが認められ，某院神経内科に入院精査．MMSE 30 点，
MRI は異常なかったが，アルツハイマー型認知症（AD）の疑いで，
他の中核病院神経内科に転院したが，そこでは，AD は否定され，て
んかんの治療を受けていた．

　201X 年，記憶障害と易怒性を訴えて，当院受診．MMSE 29 点，MOCA-
J 23 点であったが，忘れた記憶を補おうと，作話をするため，付き添
っている妻が激怒する．心理テストでの評価と生活上のトラブルに乖
離がみられる．生活上のトラブルと妻との"喧嘩"は絶えなかった．
MRI は異常なし，SPECT では，後部帯状回で血流低下がある．

　本人家族の訴えの激しさと，待合室で必ず大喧嘩をしている状況
が，通常の AD としては，違和感があり，アミロイド PET を行った
ところ，アミロイド陰性であった．毎日，微熱あり．関節リウマチ
がある．某院で MRI で扁桃核の腫大を指摘され，自己免疫性脳炎の
可能性を指摘された．

　某病院へ転院，扁桃体の腫大，関節リウマチの合併，髄液でのオ
リクローナルバンドの存在から，自己免疫性てんかんが疑われて，
ステロイドのパルス療法が行われたが，易怒性は改善され，生活は
問題なく送れるようになった．

【コメント】
　本例は，側頭葉てんかんとして診断されたが，心理テストの結
果と一致しない，生活上の健忘とそれを補おうとする作話，妻と

一触即発と思われる易怒性が認められた．2つの中核病院の神経
内科専門医が，AD なし，あるいは MCI との診断であった．アミ
ロイド PET 陰性で,AD は否定され，難治性のてんかん，認知機能
障害，異様なほど激しい精神症状などの存在と，扁桃核の腫大，
自己免疫疾患の存在などから，上記が疑われた．MMSE はいつも
満点であるのに，家族が生活上の激しい健忘症状を訴えていたこ
とも,典型的なアルツハイマー型認知症の症状とは異なっていた．

（5）診断か治療か？
50 歳代男性，食堂経営．
201X 年，物の置き場所を忘れる，500 円玉が数えられない，従業
員に同じ質問を繰り返した．また，料理の手順がわからない．メモ
を手放せなくなったが，緊張するとメモの内容がわからなくなる．
また，仕事の終わりに，包丁をしまう場所がわからなくなった．ま
た，30 年前にやめた食材の販売をしているという妄想が強く，早朝
から当時の仕入れ先に電話をして，相手が出ないことに怒る毎日で
ある．
　MMSE 29 点，MRI：右海馬の萎縮，SPECT 両側頭頂葉で血流低下．
AD の初期を疑ったが，普段の様子に比べて，記憶障害がひどいた
め，一過性てんかん性健忘を疑って，某大学へ紹介したが，各種検
査（画像，長時間ビデオ脳波，髄液バイオマーカーなど）を行ったが，髄
液 AD バイオマーカーではフォローも含めて，タウは陰性，アミロ
イドのみ溜まってきているような結果で，AD ではないとされ，診断
的治療目的でてんかん薬の投与が始まったが効果がなかった．その
後，徐々に記憶障害は悪化し，記憶錯誤による妄想，易怒性が高く，
妻を殴るなどが出現した．
　初診から 2 年が経ち，当院再診になったが，MMSE 18 点で，最終

的に，髄液タウは陰性ではあるが，進行する記憶障害から AD と診断し，介護保険などの社会的支援を開始した．ドネペジル，抗精神病薬の投与，デイサービスの利用を開始したところ，妄想は続いているが，生活は落ち着いた．

【コメント】

　TEA を疑って，てんかん専門医に紹介したが，脳波の異常もなく，抗てんかん薬も効果がなかった．AD，TEA，DLB，統合失調症，詐病などが鑑別に上がったが，髄液タウの結果から,AD は否定的であったが，進行する記憶障害などから，最終的に AD の診断となり，治療により，症状は落ち着いた．若年認知症の受診が当たり前になると，①から④までの事例のように，これまで鑑別診断として考えられていなかった疾患まで鑑別の対象になる．その背景には，様々なバイオマーカーが充実したことがあげられるが，診断にこだわりすぎて治療の開始が遅くなってはならない．バイオマーカーは有用ではあるが，その検査精度のこともあり，あくまで，臨床症状を重視しなければならないことを考えさせられた事例である．本例が最終的に AD であるのかどうかはわからないが，本人と家族が日常生活を取り戻したことは確かである．

3）早期診断：対応の変遷について

　認知症医療に関わって 30 年経ったが，認知症の早期診断の必要性は 30 年間変わらず強調され続けてきた．初期には，いわゆる 2 次性認知症の除外が主な目的であったが，ついで，軽度認知症の人のカミングアウトにより，軽度期に当事者たちが望むことが明らかになり，それに対してのさまざまな受け皿（心理教育，仕事の場，交流会，もの忘れカフェなど）が作られていった．

　さらに，受診が早期化して，就労中の人が多く受診する様になると，治療開始後どう療養するかの前に，どう仕事と折り合うかが重要な課題となった．そのためには，MCI ないしそれ以前の時期に，病気の診断を受けて，今後の仕事との向き合い方を含めて，検討することが必要となってきた．クリニックで行っている "就労継続支援" は，認知症の確定診断後の収入確保と社会的役割確保であるが，アミロイド PET などのバイオマーカーが日常臨床で利用できるようになると，診断後の心理的支援をさらにていねいに行わなければならない．

4）MCIと診断して受診が途切れたケース

　72 歳女性．

　X-4 年初診時，歩行時のふらつきがあり，明らかな運動麻痺などはないが，継ぎ足歩行がやや拙劣であった．MMSE は 27 点，言語流暢性検査は category, letter ともに 10 個，論理性記憶の直後再生 15，CT や SPECT では特に問題はなく，MCI として経過観察となった．

　X 年の再診時，MMSE 27 点，HDS-R 24 点，WMS-R 論理性記憶直後 8，遅延 6 だった．また CT で海馬の萎縮が認められ，SPECT では後部帯状回などで血流低下が認められ，アルツハイマー型認知症と診断した．

　独居生活は依然として可能であるが，女性の訴えは「湯沸かしのスイッチと電灯のスイッチを間違える．簡単な字も考えないと出てこない．人に話していると，なにを話していたのか忘れる」などと生活上の不安が大きくなっていた．

　ところが女性は，4 年前に MCI であることを告げた際に「将来病的なもの忘れになる可能性があり，症状が進行しないかどうか定期的に経過をみる必要がある」と説明してあったが，受診が途切れていた．そのため，生活上の不具合が徐々に増え，不安感が強かったにも

かかわらず，再受診まで4年間もかかってしまった．結果的に MMSE の点数には変化はなかったが，生活上の不自由さは悪化していた．

　この症例が示すように，MCI の人たちはもの忘れによって起こる生活上の変化にとまどって受診している．

　彼らが経験しているもの忘れのひどさを考えれば，MCI についての説明・報告の際に，将来認知症へ移行する確率の高さをはっきりと伝えなかったからといって，安心して暮らせるわけではないし，逆に症状が進行すれば理由がわからず不安感や孤立感は増すであろう．

　また，ハイリスク群であることを伝えたからといって，定期的に本人の訴えを十分に聞いていれば，必ずしも精神的に不安定になるとは限らない．MCI の時期から継続的に精神的なサポートが必要である．

　● この女性が話した言葉

「深く考えると頭がぼーっとする」

「何で何でと考える時が長かったが，一時よりはまし．いまは受け入れている」

「1回これで行こうと決めたらすっきりするが，明日になるとまた，どうしようと悩む．昨日決めたのに」

「薬を飲む順番がややこしい．前だったら，自由に分けられたのに，いまは混乱する」

「はっきりしている時と，そうでない時がある．自分で自分を攻めてしまう」

「涙が出るほど悲しくなる時がある．まだ，病気が乗り切れていない」

「眠れてご飯が食べられたらいいのかなあ．（毎日いわれるが）正直気にしている」

「他の人に失礼になるといけないので，継続して，診察してもらう必要があると思います」

「探しているうちに，自分がなにを探しているか忘れてしまうが，
　毎度毎度でもない．簡単な字も考えないと出てこない．読めない．
　字の（形の）もつ意味はわかる．だから，仮名で書くと意味がわ
　からない．人に話していると，なにを話していたのか忘れる．字
　がわからない．子の字がわからない．横棒があるかわからない．
　意地になって掌に書いていたら思い出す．自分で感じるからいい
　かな」
「私はアルツハイマーにかかっているのか，聞きたかったのに」
「考え方や暮らし方で直らないですよね」
（おなかにメスを入れたことを話しながら）
「なにを話そうとしていたか忘れた」
「土台を話していて，本番を忘れる」

【コラム】

変わったことと，変わらないこと

　2019 年 11 月上旬，クリニックのデイサービスが主催して，同年度
2 回目の運営推進会議が開かれた．筆者とデイサービスセンター所長
の看護師，地元の自治会長，マンション組合の会長さん，歌のボラン
ティアで定期的に訪ねてくださる地元の老人会の人，市民病院院長，
守山市高齢福祉課課長，家族 12 名，ボランティア 2 名，デイサービ
ス参加者 16 名などであった．

　今回の集まりのハイライトは，デイサービスの活動内容の紹介を，
参加者の人たちが自分たちでしたことである．「作品作り」「外出」「カ
レンダー作り」「合同クリスマス会」「雑巾縫い」「体操」などのそれぞ
れの活動について，スタッフといっしょに書いた説明の色紙を，1 人

ひとりで読み上げていった.

　たとえば「合同クリスマス会」であれば, 2015 年から毎年 12 月に梅田町の老人会の人たちと合同でクリスマス会を行っていること, 歌やマジックショーを楽しみにしていること, 地域の人たちと交流できることは嬉しいことなどを読み上げた.

　2 番目に説明した男性が「外出」について話し始めた時だった. 最初は書かれた原稿を読み上げていたが, 外出好きのこの男性は, 自分がいかにがんばって散歩をしているのか, 奥さんが心配しているけれども自分なりに工夫していることなどを, 一生懸命に話し始めた. 会場の人たちもそのうち事情がわかり, 時間制限のあるなかでちょっとドキドキしながら聞いていた.

　途中で原稿に戻ったが, すぐにまた自分の思いを話し始める. 次の順番を待っていた男性 2 人はその間, 後の人たちとヒソヒソ話し合っていた. そして順番がくると, 「先の人が頑張って話してくれたので, 自分たちは簡単にします」と, ニコニコしながら省略版で切り上げてくれた.

　自分たちでする説明もすごいけれども, 仲間の熱い思いの説明を受け止めて, 会の運営をうまく収めようと協力してくれた, デイサービスの参加者に "ブラボー" である. 認知症の人本人が, 支えられる立場ではなく, クリニックを支える立場になってくれたのだ. 「支えられることと, 支えることの垣根」がなくなっていること, これがいちばん変わってきたことである.

　2020 年 1 月, 正月明けの第 1 週目が終わろうとする金曜日, 来年度の連携の会「認知症の医療と介護の連携 IN 守山野洲」の構想を, F 医師会長と電話で何度か打ち合わせをした. 6 年目になる来年は, 医師会の現会長と副会長 2 人, 元市民病院長の内科医 4 人に, 糖尿病,

循環器疾患，消化器疾患，呼吸器疾患などについて，ケアスタッフのための 30 分間のミニ講義を依頼した．総合的に診療しているのがかりつけ医だが，もともとは自分の専門領域をもっているので，即決で受けてくれた．

　いまは内科の診療から離れている筆者も，講義を楽しみにしている．事例検討のための事例は参加する 2 つの地域包括支援センターに頼み，事例検討シートはこちらで用意する．そんなことを打ち合わせて，予定の 4 回の日程を押さえ，医師会事務局に大きな公式行事がないかどうか確認の電話を入れた．

　認知症以外にもう 1 つ，私たちの医師会での取り組みの柱は，看取りも含めた在宅診療である．この分野にも歴代の医師会長は力を注いできたが，24 時間対応の強化型在宅支援診療所である K 医師会長や歴代の医師会会長たちが仲間を集めて，地元の病院や消防署の救急隊と連携して，24 時間態勢の在宅診療をシステム化するために，月に 1 回の集まりをもっている．認知症の人の終末期を彼らにバトンタッチするためにもちろん参加した．

　30 年前に認知症医療に関わり始めた時の目標である，かかりつけ医が認知症医療の中心になりつつあること．これも，変わってきたことの 1 つである．

　さて 30 年間変わっていないこと，それは「いまだに認知症を治せないこと」「認知症の人と家族の不安を十分には取り除くことができないこと」である．最も大切なことに医療と介護の専門職が届いていないことを，残念ながら認めざるを得ない．しかし，自分たちで声を上げ始めた当事者の前でへこたれるわけはいかない．第 2 部では，認知症の人と家族と最も近いメディカル＆ケアスタッフたちが，当事者とともに作り上げてきた，「もの忘れカフェ」などさまざまな非薬物療法を紹介したい．

第2部

もの忘れクリニックが
果たすべき役割

第2部では，
もの忘れクリニックにおける
本人・家族への支援に対する具体的な
取り組みの様子などを通じて，
専門医，かかりつけ医それぞれが
果たすことができる役割と，両者が協力しながら行う
地域連携の試みを
紹介する．

● イントロダクション

もの忘れクリニックの３つの節目

1999 年に開設して以来，私たちのもの忘れクリニックでは診断と薬物治療だけでなく，認知症の人や家族の声を真正面から聞き取ることによって，彼らの望む活動の場や新たな支援方法を模索してきた.

まず 1999 年，診断後に仲間とともに過ごす居場所がなかった滋賀県内外 10 数名の 50〜60 歳の若年認知症の人のために，毎週水曜日に若年認知症精神科デイケアを開設した. また，介護保険の認知症専用デイサービスでは試行錯誤の末，当事者たちが活動内容をその日の朝に決めるスタイルに変えていった.

大切なことはいつも本人たちが決めるというこれらの取り組みから，認知症のことを本人と真正面から話し合わなければならないこと，認知症の人のその時々の気持ちと変化していく認知機能に配慮しながら関わりの仕方を変えるという２点で，認知症の人に対するその後の支援の方向性を教えられた.

2004 年には，受診者が軽度化したため，デイサービスの参加を誘っても「できなくなったことを何とかしたい」「だれかの役に立ちたい」などと話す若年・軽度の認知症者の希望にこたえて，自主活動をさらに徹底し社会参加を重視したデイサービス「もの忘れカフェ」を始めた.

すると彼らは，デイサービスの活動内容を自分たちで決め，なに

かのボランティア活動をすることで，社会とつながっている実感を
もち続けようとする気持ちを訴えた．その気持ちは年齢や重症度に
関わらず共通で，参加後症状が悪化してもケアの工夫により，同じ
場所であらゆる年代が交流しながら活動している．この「もの忘れ
カフェ」参加者の症状が進行すると，それぞれの病期にみられる認
知機能障害へのケアをベースに活動を支援していった．

　そして，受診がさらに早期化して，若年認知症者が就労しながら
受診するケースが増えてくると，その人たちは収益がわずかであっ
ても働くことを希望した．その願いをかなえ，診断後の治療の空白
期間を作らないための取り組みとして 2011 年，内職仕事を探し，
週1回半日，内職を請け負う「仕事の場」を提供し始めた．

　わずか3人の参加者から始まったこの「仕事の場」に，若年認知
症の人 20 名，高齢者軽度，発達障害，うつ病，社会に出づらい若者
など総勢 30 数名の参加者が，毎週1回集まっていた．いまは，診断
直後の人が“病気を受け入れて”“診断を受けてもできることをたく
さん見つけられ”“できなくなったことをできるやり方”に変えてい
くための重要な受け皿になった．

　私たちのクリニックにとって，1999 年，2004 年，2011 年は，新
たな非薬物療法の始まりという大きな節目となった．

　一方，デイサービス以外の支援活動では，発症初期の軽度期の人
への診断後の支援としての外来心理教育を，重要な非薬物療法とし
て位置づけている．この心理教育は，本人たちが病気や症状を仲間
とともに知ることを目的としたグループワークである．10 名前後の
本人と家族を対象にして月2回，各1時間，3か月を1クールとし
て行っている．

　また，デイサービスや外来通院中の本人・家族の交流会を隔月に
行っている．毎回 15〜20 名の認知症の人と 30〜50 名の家族の参

加があり，若年認知症の人の参加も多い．

　さらに，「もの忘れサポートセンターしが／滋賀若年認知症コールセンター」で 20 年間，本人・家族からのさまざまな相談に応じるとともに，多職種地域連携の取り組みでは，顔の見える会である「認知症ケアネットワークを考える会」を 2004 年から主催してきた．

　地元の医師会では，2011 年から，かかりつけ医が中心になり，多職種の人たちと考え方の共有のための議論を行う「多職種専門職連携」の会を企画・運営している．加えて滋賀県からの委託で，「若年認知症コールセンター」として 2012 年から若年認知症の人たちへの支援を行っている．

　ここでは認知症の人のみならず，子どもや企業に対する支援も必要になってくる．そのため，認知症関連の保健・医療・福祉・行政だけでなく，地域全体を巻き込んだ支援体制の確立が必要となってくる．

I 交流会と心理教育

知らないことを知ろう，これからの
人生は真っ暗ではない

1．本人・家族交流会：ピアカウンセリングだけではない

　デイサービスおよび外来通院をしている認知症の人とその家族を
対象にして，2か月ごとに開催している．参加は毎回，本人 15～20
名と家族 30～50 名である．参加者には若年認知症の人も多い．
　本人交流会は，若年認知症や高齢認知症の人などが，集まって病
気の話をしたり，自分たちの趣味の話をしたりするが，概ね軽度の
人たちで，"年代またぎ"なので，かえって話題が広がり，年代は関
係ないピアサポートの場である．
　また家族に対しては，まずミニ講義を行っている．その時のトピッ
クスについての話で，診断方法や疾患，認知機能障害，BPSD，対応方法，
抗認知症薬，さらに，コミュニケーションについてなどを講義している．
ミニ講義の後，家族関係別（夫，妻，嫁，娘・息子など）に小グループを作
り，ピアカウンセリングの場を提供している．参加者は共通の悩みに
ついて話し合い，互いにアドバイスをし合っている．介護サービスに
結びつかない若年認知症の人と家族がこの交流会に参加することで，
デイサービスへの抵抗感が減り，利用し始めることが少なくない．

1）本人交流会
　本人交流会は，希望があれば，クリニックに受診歴がなくてもだ

れでも受け入れることにしている．2時間の茶話会的な社交性に乏しい集まりで，参加者それぞれの会話から話題を広げるので，診断直後の軽度者も，男性も，家族とともに参加しやすいようである．遠方から，診断後のサービスにつながらない若年者が家族とともに来ることがある．家族からの口コミや地元の地域包括支援センターからの紹介で，本人と家族共々，先輩たちとピアカウンセリングのやりとりになる．地域で広がっている"認知症カフェ"と同様な取り組みであるが，相談センターである"もの忘れサポートセンターしが"と同様，医療や介護に関するアドバイスが可能である．

　本人・家族交流会のやり方は，参加者の様子や社会的な動きなどに配慮して，少しずつ変えていった．

2）家族交流会
　（1）多くの家族が自らの健康に留意：2015年度の交流会から
　2015年度は，本人，家族がより主体的に交流会へ参加できるように，話し合いにテーマを決めて開催した．参加者間で司会進行，記録などの役割を決め，テーマに沿って話し合いが進められた．

　終了後，「テーマがあることで，同じことが考えられ，いままで以上に自分たちの会だと意識した」「テーマがあることで話し始めがスムーズだった」などの意見が寄せられた．

　テーマとそのそれぞれに関する主な意見は次のとおりだった．
　（a）いま困っていること
　本人：「忘れることですわ」のひと言の後，次のような対処方法などが話された．
　「カレンダーにびっしりと書いて，終わったら消しています」
　「日記を書いて覚える工夫をしています」
　「外に出ます」

「話すようにしています」

家族：症状に対する関わり方に困っている声がもっとも多く，近隣親戚などへの病気の公表についての悩みがあり，家族関係について，介護者自身の健康，経済的なこと，など．

（b）いまがんばっていること，これからがんばろうと思うこと

本人：外に出掛ける（交流会，デイサービス，地域行事），歩く／身体を動かす，趣味や習い事を続ける／新聞や本を読む，など．

家族：本人への対応と自分の健康を保つことが多く，特に健康については多くのグループで意見が一致した．ほかに「他の人と話す」など．

（c）医療機関への要望・意見

本人：どこに受診をしたらよいのかわからない／（医師には）目を見てしゃべってほしい／自分のことだから詳しく説明が聞きたい，待ち時間が長いなど．

家族：認知症以外の病気で受診した時に理解ある対応をしてほしい／受診のシステムを簡便にしてほしい／関わり方なども指導してほしい／連携先などの紹介をしてほしい／医療費負担が大変／待ち時間，投薬内容についての意見などもしてほしい．

（d）行政への要望・意見

本人：いまの状況に目を向けてほしい／役所の窓口は行きにくい／福祉に関する情報を知らない人が多いなど．

家族：親身になって対応してほしい／認知症について理解してほしい／情報発信が少ない／認定結果について不満，適切な説明がほしい／経済的支援の充実，介護サービスの充実など．

（e）施設・サービス事業所への要望・意見

本人：デイサービスや施設のことがわからない／いまの状況に合うところがない／身体も頭も使いたい／お風呂以外にすることがないのはつらい／サービスを使うと逆に悪くなるのではと構えてしまうなど．

家族：情報交換を密にしたい／ケア内容を個人に合わせてほしい／多種多様なサービスを考えてほしい／どの地域でも使えるようにしてほしいなど．

（f）行政やサービス事業所等への意見

立場によっての違いがあり，それぞれの住所地や事業所等の違いから見える差異について，多くの情報交換が行われていた．違いを知ることで，思い切って意見してみよう，などと自らの動きにもつながるような話し合いとなった．

（g）社会（近隣・住民）への要望・意見

本人：関わりが少ない／近所の目が気になる／よい距離を保ってほしい／交流が多いところもあり地域差がある，など．

家族：認知症を理解してほしいとの意見がもっとも多かった．ほかに，民生委員などに相談のしやすさがほしい，学習会の開催，個人情報が守れていない，など．理解を得られなかった具体的なエピソードなども話され，介護経験の長い参加者から「一度で諦めずに自分たちからも発信しよう」と声が上がると拍手が沸いていた．

（2）割り切ってあきらめたほうが楽：2018 年度の交流会から

2018 年度は，認知機能障害を背景にして起こる生活機能障害への対応方法について，食事，入浴，排泄の順にミニ講義を行った．

初めて参加した家族は，介護の先輩たちに話を聞いてもらいながら，「何度も同じことをいうのでしんどい」「脳トレをしてもらおうと思うのだが，途中で怒り始めるので腹が立つ」などの気持ちをぶつけていた．

話を聞いている先輩たちも，数回前の参加の時には同じことをいっていたはずだが，外来で主治医や看護師とも話し，交流会に何回か参加していることもあり，かつて自分が感じたと同じいら立ちを話している参加者に対して「気持ちはわかるけど，そんなこと，

割り切ってあきらめたほうが楽よ」とニコニコしながら話していた.

　介護サービスに結びつかない若年認知症の人とその家族が本人・家族交流会に参加することで，本人と家族両方の抵抗感が減り，デイサービスを使い始めることがある.

　毎回，診断直後の軽度期の本人・家族も参加している. また，ほかの医療機関で診断され，その後，生活障害への支援のための指導や介護保険利用などへの援助がないままで過ごしている人たちも参加している. 2019 年度は 50 歳代の夫を介護し始めたばかりの妻が数人いて，アドバイスを求めていた.

　（3）"じゃあ始めてください" のひと言で始まる：2019 年度の
　　　　交流会から

　隣県から，認知症の相談センターの人が数名，交流会の見学に来られた. 今回も参加者は多くて，本人が約 30 名で，家族が約 40 名. その半数が若年者である. 本人と家族の交流会を，年齢で分けていないことには訳があって，何度も参加しているうちに，年齢の差異や病気の時期の違いにも，あまり違和感を感じなくなる. "いまこの場所にいて介護のことをお互いに話している" という立場を共有することが大切であるようである (図2-1).

　交流会は，始まってから 20 年間が過ぎたが，初めのころはわれわれ専門職がファシリテーターを行っていたが，はじめて 1 年も経つと，司会者役，書記役などと，参加者同士で自然に役割ができ，新規の参加者に対して，話を引き出している. この日，筆者のミニ講義の後，"じゃあ始めてください" のひと言で，自己紹介からはじまったが，隣県からの見学者は，"じゃあ始めてください" で話し合いが始まるのですねとの感想が多い. 家族会は，家族のものということである.

```
本人・家族交流会概要
  1999年から，本人や家族が自由に話し合え，病気を理解し，仲間関係が
  築けることを目的に，本人・家族交流会を実施
2か月に1度の開催　奇数月土曜　13：30～15：30
  総開催回数　　48回
  総延べ参加者数　本人：　　　　　687人（うち，若年認知症　287名）
　　　　　　　　　家族：1546人（うち，若年認知症　439名）
  参加家族の属性　配偶者がもっとも多く，次に子（息子，娘）

内容　・認知症に関する正しい知識についての説明
　　　　テーマ例　認知症の症状とBPSD／疾患別の特徴と関わり
　　　　　　　　　疾患別の特徴と関わりと介護報酬について
　　　　　　　　　抗認知症薬について：これまでとこれから
　　　　　　　　　BPSDに対しての薬の考え方
　　　・最新の情報提供
　　　・属性別のピアカウンセリング
```

図2-1.　本人・家族交流会概要（2010～2017年度）

2．心理教育：軽度の本人，家族が仲間とともに病気を学ぶ

1）本人への個別心理教育：開始時と現在

　開設当初は，看護師が告知直後の本人と外来でゆっくりと話す機会を設けていた．そこで本人たちは，いったんは受け入れた病気のことではあるが，いまの状況に対する不安，病気の症状や対処方法を知りたい，生活で困っていること，家族とのことなどについて語っている．

　日常生活のなかで自分の思いを話す機会が少ない人たちが自由に語り，それを聞き手が傾聴・受容していくことは，重要な支持的精神療法であるが，本人からやってみたいことを聞き取ることで，その後の，「心理教育」「もの忘れカフェ」「仕事の場」を始めることができた．ところで，以前は，本人の気持ちに合わせて病気のことや症状のことを伝えるには，個別面談の時間を取ることが必要だったが，最近では，初めての受診の時に行っている"本人問診票"から

始まって，ピアサポートやピアカウンセリングの場としての「仕事の場」「心理教育」「交流会」での仲間とのやり取りが，病気を受け止め，症状に対する工夫を考える大切な場となっている．

2）家族への個別心理教育：開始時と現在

　看護師が待ち時間を利用して，あるいは医師が診察中に，家族個別心理教育を行っている．主に，家族が対応に困っている生活障害の背景にある認知機能障害と，それへの対応を説明する．認知機能障害への適切な関わりが介護負担の軽減につながるため，作成した"本人が読む本""ワンポイントアドバイス""これならできる50のヒント"などを用いて，説明している．心理教育は必要に応じて何度も繰り返す必要がある．

【実例】

　80歳代女性．アルツハイマー型認知症，MMSE 14点．

　「何度も同じことを聞く」「炊飯器が使えない」「服が着られない」ことに対して，高齢の夫が何度も強く叱責するため，不安，妄想，攻撃性などが頻回にみられるようになった．

　夫とサポート役の娘に対して個別心理教育を繰り返し，認知機能障害とそれへの対応について，その都度説明した．しかし，説明時は納得するものの，自宅に戻って出来事に遭遇すると「頭ではわかっているけれど，いざとなったら腹が立つのです」と残念がっていた．

　あるとき，歩くときに左側の物にぶつかる理由（左半側空間無視）を説明した．

　「さぼっているのではなく，見えていなかったのやな．期待したらあかんのや．それがわかった」と納得した．これをきっかけに夫の対応が変わったため，不安，妄想，攻撃性などがなくなった．

　認知機能障害とそれに基づく生活障害への説明は，何度も繰り返し説明する必要がある．

3）本人・家族への集団心理教育 ①：開始時

（1）本人に対して

　1999年の開業時は，病名告知後，病気の受容が困難で介護保険サービスの利用に消極的な軽度認知症の人と家族に対して，月2回，1回約1時間，1クール3か月，1グループ数人の心理教育を開始した．

　本人への集団心理教育は，認知症についての仲間同士の自由な話し合いの場を設けながら，さまざまなアクティビティ（活動）を行い，毎回，参加者に感想や内容の記録を書いてもらう．そのなかで「もの忘れしていると普通にいえるようになった気がする」と病気を受け入れ，「自分1人で悩んでいることは余計に落ち込ませているのだと思った」と対処方法を学び合い，「非常に楽しい集まりになってきた」と仲間意識が芽生えてきた．

（2）家族に対して

　家族への集団心理教育は，認知機能障害，それへの対応，介護保険サービスなどの説明を6回シリーズで行いながら，軽度認知症の人の介護家族のピアカウンセリングの場を提供していた．次のような言葉が聞かれた．

　「こんなに楽しそうな声や顔をみたのは久しぶりです」

　「今後のことを1人で考え落ち込んでいたが，同じ境遇の人と知り合えて私が元気になれた」

　「病気のことや介護保険制度のことなども理解でき考え方が変わった」

　「病気のことが夫と話せるようになった」

　参加後，ほとんどの人が介護保険制度のデイサービスに結びつい

図 2-2. 本人・家族への集団心理教育

た．また家族は，病気の受容ができていなかった本人との関係の修復が図れるようになった（図 2-2）．

4）本人・家族への集団心理教育 ②：現在

　現在は，受診者がより軽度化しており，症状についての説明を求めるようになった．そこで，本人向けの症状解説パンフレットである指導箋を用いた，1クール6回のプログラムで本人・家族への集団心理教育を実施している．

　（1）本人に対して

　本人向けの症状解説パンフレットである指導箋は，「仕事の場」で参加者から聞き取った症状に関する質問にスタッフが答えたもので，

"本人が読む本"としてまとめられたものである．内容は，外来で作成した本人に対する問診票や，看護師が「仕事の場」や問診をしながら本人との間でやり取りしたことも参考にしている．

　これにより，症状とそれへの対応方法をよりはっきりと説明しやすくなった．

　知的活動や手作業なども，参加者の反応を参考にして，より馴染めるものを考えた．たとえば，記憶，見当識，計算などの知的機能を確かめるもの，地名や各地の名産などの意味記憶を用いるもの，失行や失認などの有無，注意分散機能や実行機能を確かめる作業的なものなどを組み合わせている．それぞれの課題の"出来"はさまざまだが，出来不出来が参加者の負担にはならないのは，スタッフが参加者の反応を見ながら，関わっているからである．これは「もの忘れカフェ」で身につけたケアの仕方であり，できなかったことをできることに変えていく関わりである．

　この集団心理教育の目的は，次の4点である．
- ・同じ症状をもつ仲間とともに，認知症について学び，理解しようとし，その症状を受け入れること．
- ・同じ病気・症状をもつ人と出会い，いっしょにがんばる仲間と過ごすことができること．
- ・介護保険制度のサービスを知り，仲間とともにつながることができること．
- ・本人が介護する家族の思いを知る，ないし知ろうとすること．

　心理教育の第1回目は，この目的の確認を主な内容とした．目的の説明を行った後に，参加についての本人の意思確認を行った．ほぼ8割以上の参加者が2回目以降も参加すると答えた (図2-3)．

　そして第2回目から，記憶障害，見当識障害，実行機能障害など

症状の説明を具体的に始めた．全員で解説パンフレットを声に出して読み，その後それについて話し合った．自分 1 人ではないことや工夫できることなどを実感できるように，スタッフの雰囲気作りや細かな配慮がポイントだった．

テーマ
　本人：自分自身について起きているさまざまな不具合（生活機能障害）の原因
　　　　が何なのかを知り，その対処方法について仲間と考えることができる．
　家族：病気の理解を深めながら，本人がどのように病気を受け止めているか
　　　　を知り，同じ立場同士で話し合うことができる．
　理由：受診の早期化が進み，本人自身が正しく病状を知ろうとしている姿が多く
　　　　なったため，診断直後に学ぶことの必要性が高まっていると判断した．一
　　　　方，家族も本人の言動をタイムリーに知ることのメリットが高いことと，
　　　　同じプリントを読むことで，家族も病気の理解ができると判断した．

> 毎回行う主な内容　　　　2 週間ごとに 3 か月 1 クール
> - 目的の確認・参加の意志確認
> - 日付，時間の確認
> - 前回の振り返りと単元ごとの理解度の確認
> - 症状の説明文を声を出して読み，その後に話し合う
> - 家族にも記入されたプリントを見てもらい，理解を促す
>
> 開催日ごとに実施したアクティビティ内容
> - 各種プリント（計算，ことわざ，間違い探し，漢字，地図等）
> - 作品作り（カレンダー作成，小物作成，メッセージカード，
>   寄せ書き等）
> - ゲーム（連想ゲーム，的あて計算ゲーム等）
>
> スタッフの着目点
> - 目的意識，症状，病気に対しての気持ちを知る
> - 記憶，見当識，理解力，判断力，集中力，構成障害や
>   漢字障害等の把握
> - 参加者同士の関係等についての変化

図 2-3．心理教育の概要／着目点

　病気の自覚がない人や何とかしようと思わない人に対しても，他者と同様に話を聞き，伝えることをゆっくりと繰り返した．

　第5回目は，家族の気持ちを理解することをテーマに行った．家族と病気について話すことがあるかなど，具体的に日常を振り返り話した．日ごろは素直に受け入れられない言葉も自分のためにいってくれていると，説明文を読んで理解する参加者が多かった．

　最後の第6回目は，「介護保険制度について」の説明を行った．介護保険はそのとき，その人に必要なサービスが使える仕組みで，心理教育のように，仲間と話すこと，レクリエーションへの参加，気分転換，趣味を楽しむ等々，いろいろなプログラムがあることを伝えた．介護保険についてのよくないイメージを変えて，必要な時期がきたら，積極的に治療の場として参加することを伝えた．

（2）家族に対して

　家族参加者にも本人と同じプリントを配布し，「なぜ，その働き掛けをしているのか」を伝えることで理解を促し，症状の理解や関わりのヒントが得られるように働き掛けた．またピアカウンセリングの時間も設定し，さまざまな情報交換と共有の場とした．

　最終日のアンケートでは，ほぼ全員から「役立つ時間だった」という評価を得た．自由記述でも「認知症の家族をもったという心の準備ができた」「いろいろと勉強になった」「いろいろな人の症状や対策が聞けて，有意義だった」などの意見が寄せられ．終了時には，各自で連絡先交換などが行われており，つながりの継続が見込まれた．

　1～2クール参加の後，本人・家族とも「同じメンバーで時間を過ごしたい」という希望があった．そこで受診日と時間帯を調整して集まれるようにし，診察後に1時間のグループワークをコーディネートしている．「交流会」にきてもらう人もいる．

3．心理教育についての考察

　心理教育では，診断直後に，同じ症状をもつ軽度認知症の仲間と，記憶，注意分割機能や実行機能などに配慮した知的活動や制作活動などに参加し，病気やその症状について話し合うことで，月 2 回，各 1 時間過ごしている．心理教育は，専門職が立ち会うことで，軽度期の参加者のそれぞれの症状と関係性に配慮して，病気と向き合いながらの居場所を作ることができる．

　ところが，インフォーマルな取り組みでもあるために，新型コロナの蔓延によって，"密な活動"を避ける必要が出てきたが，人数を制限することで実施できている．軽度期の認知症の人は，コロナの蔓延で，総合事業や百歳体操，地域の老人会などの集まりがすべて中止になっているため，自宅に引きこもることが多くなっており，デイサービスへ繋ぐ準備である心理教育の重要性はますます高くなっている．

II 仕事の場

最初期の非薬物療法

　クリニックでは，本人が就労中で外来通院をしている時期，職場での仕事の就労継続支援を行っている．それでもいずれ，退職せざるを得ない時期がやってくるため，2011年から退職直後の若年認知症の人の支援の空白期間を埋めるための「仕事の場」を提供している．

　支援者がいる治療的な場所が必要と考えたのは，退職直後の3名の若年認知症の患者さんの訴えからであった．患者さんらは，大切な治療の始まりの時期に，「診断を受けても人の役に立つことができる」「認知症ケアの場で他者とつながることができる」「まだまだできることを実感する」「できないことは補える」「同じ仲間がいる場所がほしい」と訴えたのである．

1.「仕事の場」を始めた理由

　診断後の若年認知症の人が就労を継続するために，クリニックでは，職場の上司，人事担当，産業医などときめ細かくやり取りをしながら，仕事内容の変更，配置転換などを依頼するという就労継続支援を行っている．しかし，最終的に職場を退職となった場合，まだまだ就労意欲は衰えていない彼らが仕事を行う場がないのである．外来で話を聞くと，彼らは次のように希望した．

　「いま仕事を全部なくしてしまうことはできんのや」

「内職のようなものであっても自分のしたことが仕事として評価
され，少しでも対価をもらいながらなにか社会に役に立つよう
なことがしたい」
　そこで，毎週水曜日午後12時から午後4時まで，内職仕事をする場
として提供したのが「仕事の場」である．仕事は，作業を約45分行っ
て，約15分間休憩しながら茶話会を行うパターンで，4時間続行って
いる．
● 若年認知症の人の言葉（2011年当時）
「（仕事のやり方を忘れて）僕は認知症だから，その都度教えてくれ
ないとね」
「僕らは忘れるからここに来ている」
「（パンフレットが折りやすいように）道具を作ってきました」
「（半年分の給与が入った封筒を手にとって）えらく薄いな，明細か？」

2．「仕事の場」の参加者

　2011年10月開始当時の参加者は男性3名，平均年齢57・6歳，
平均MMSE 26点であった．
　2020年3月末の参加者総数は80名（若年認知症者62名，高齢軽度
認知症者18名／男性56名，女性24名）で，開始以降一度でも参加し
たことがある認知症者の総数は57名であった．
　そのうち2020年3月末で60名が参加を終了し，55名が介護認定
を受けた．介護認定までつながらなかった人が5名あったが，MCIの
4名が地域活動等へ移行，1名が身体疾患で入院，1名は中止となった．
　疾患の内訳では，アルツハイマー型認知症17名，血管性認知症
2名，レビー小体型認知症1名，前頭側頭型認知症4名，アルコー
ル性認知症1名，MCI 2名であった（図2-4）.

参加者の動向　　　2011 年 10 月〜2020 年 3 月末

「仕事の場」の認知症者総参加者数　80名
　若年認知症者62名、高齢軽度認知症者18名
　男性56名、女性24名

2020年3月末で60名が参加を終了　うち、55名が介護認定を受けた
介護認定までつながらずに中止になった人　5名
　　　　　　　　　MCIの4名が地域活動等へ移行、1名が身体疾患で入院

認知症以外の参加者
　知的、発達、精神障がいを持つ人の参加　　98名
　社会に適応しづらい若者の参加　　　　　　86名

自分たちの社会参加と位置付けている参加者
　老人会からの参加　　　　　3名
　家族ボランティアとしての参加　8名

図 2-4.　参加者の動向（2011 年 10 月〜2020 年 3 月末）

図 2-5.「仕事の場」の風景

　認知症以外の参加者では，知的，発達，精神の各障害がある人の参加 98 名，社会に適応しづらい若者の参加 86 名など，制度の隙間にいて居場所も仕事も得られていない人たちであった（図 2-5）.

3．仕事の場でのケアの視点での工夫と介入

　軽度期であっても，内職仕事をこなすためには，認知機能障害に

対するケアの視点が必要であった．また，症状が進行するにつれて
ケアの視点での介入を徐々に増やしていく必要があった．次に具体
的に示す．

- ・240 本のカットされたパイプをひと袋に詰める作業があるが，
  数を数えられないので，24 桝の製氷皿にパイプを 1 本ずつ入れ
  て 10 回数えると 240 本になるようにした．
- ・時間を区切ることでメリハリをつけた．
- ・集中して作業ができる時間（およそ 45 分）で休憩を入れた．さ
  らに様子をみながら 5 分から 10 分の調整を行った．集中力が
  切れると，作業ミスが目立つようになった．
- ・音や場所での区切りを活用した．
- ・休憩の時間になってもなかなか作業がやめられず，切り替えが
  難しいため，アラームを設置した．（音が鳴るとすぐに気づき，時
  間を時計で確認して互いに声を掛け合っていた．）
- ・休憩中は作業テーブルからは離れて別の椅子で休むように勧め
  る．（場所を変えることで，緊張した体をほぐし，気分も変えることが
  できて，次の作業への導入がスムーズだった．）
- ・座席を明示し，作業道具をセットしておいた．（来たときに座席
  に置かれた名札と道具を見ることで，作業の見通しが立てられた．）
- ・色分けをしたり，作業の注意点を書いたりした．
- ・「白いテープは貼れていますか？」「確認してください」のメッ
  セージをテーブルに置いたり，「チェックまだ」「チェック済み」
  の札を作って差し替えたり，フセンで色分けした．（指示されて
  いる事柄の判断がしやすかった．）
- ・終了時に日誌をつけてもらった．（日付の確認や自分の作業を振り返り思
  い出す時間をもつことで，仕事を終えた実感がもて，次へとつながった．）

４．次の支援への移行の見極め

　"仕事の場"は居場所にとどまらず，内職作業を通して対価を得るという"働く場"である．そのため，作業ができなくなったときに本人・家族と話し合い，現状を受け入れて，デイサービスなど次の支援につなぐことは大変重要である．

　またその見極めは，年齢が若いから仕事ができる場所を提供すればよいということではなく，だれが働きたいと思っているのかという，もっとも重要な視点を再考させる機会ともなった．これまでの"仕事の場"の取り組みから，その見極めのポイントを次のようにまとめた．

１）できることが限定されてきたとき
　作業はそれぞれができる部分を分担して行うが，複数の工程ができなくなる，あるいはどの工程も１人で行うことが難しくなった場合，さらに最後の工程と位置づけていることもスタッフの助言や確認が必要となった場合などである．

２）作業は遂行可能だが，目的意識が薄れ，現状の認識にズレが生じたとき
・作業時間（おおよそ50分１クール）中に何度も手を止め，席を立ったり，他者へ話し掛けたりすることが目立ち，「いい加減にしとこうや」「何のためにしているのかわからん」「疲れた」などの発言が目立ちはじめたとき．
・作業過程での不備を伝え，修正できるように助言すると「自分がしたのではない」「自分は失敗していない」などと受け入れることができ難くなってきたとき．
・休憩時間は元気で快活だが，作業時間中は表情が固くなるなど，

明らかに変化がみられるようになったとき.

3）本人・家族が現状を受け入れ，必要とされる支援者からの働き掛けを受け入れようと思えたとき

参加終了に向けて動き出す場合は，具体的な終了時期や事柄を設定して他機関と連携しながら進める．必ず，次の行き先や支援者が決まるまでサポートを行い，支援の空白期間は作らない．

作業の継続は1），2）の理由から困難になっていたとしても，3）の現状の受容ができていなければ「仕事の場」からのバトンタッチができず，結局は支援の空白期間に戻ってしまう．そのための働き掛けをして支援を受け入れることへ踏み込めるようになれば，区切りをつけるために「仕事の場」を終了する．

5．実例でみる参加と移行

1）Aさん：50歳代男性，アルツハイマー型認知症
・在籍期間；21か月
・同居の介護者；妻，娘2人

企業での就労継続支援を行った後に休職となり，同時に「仕事の場」に参加した．その際に併せて介護認定も受け，サービス利用の検討に入った．最初に「仕事の場」に慣れてもらいながら，状況をみて介護サービスのスタートを1か月後に開始した．

その後，10か月が過ぎたころからできる作業の選択肢が減ってきたため，介護サービスの利用頻度を増やした．さらに16か月後には，最終工程の難しさが目立ってきたため，卒業（終了）の話し合いを始めた．

21か月後に，本人ができないことを受け入れ，次のように話した．

　「ギブアップ．これで終わりでいい．向こう（デイサービス）でがんばる」

　その当日に終了．現在は，2か所のデイケア，デイサービスを利用している．

　介護保険導入をほぼ同時に行ったのは，妻，娘たちの就労継続を支えるためだった．本人には，その重要性を繰り返し説明して了解を得た．実際のサービス開始時期は，本人の希望もあり「仕事の場」を優先にしたことで，介護保険サービスへの抵抗感は軽減できた．

　開始時から症状として認められていた失語や失行の状態観察を続けながら，作業内容をそのつど変更した．そのタイミングでは必ず本人と話し合った．話し合いでは，状況を受け止めてもらえるように，できることと，できなくなったことの整理をすることが重要であった．

　2）Bさん：50歳代男性，アルツハイマー型認知症
　・在籍期間；8か月
　・同居の介護者；妻

　"仕事の場"への参加時点では就労を続けていたが，職場では座っているだけの状態で，本人はたいへん負担に感じている様子がうかがえた．しかし家族には「仕事をしなくてはいけない」という気持ちだけが強くあり，周囲からの助言は受け入れられない状況だった．

　"仕事の場"でできる作業も限られてはいたが，受け入れ開始時，職場とも話し合いを始めた．2か月後には，ほかの参加者と仲良くなり，元気に話す本人の姿を見る機会も増えた．

　反面，最終工程の作業も見守りが必要となってきたため，個別面談や電話での相談，地域包括支援センターとのつながりを作るなど，家族への関わりに重点をおいて働き掛けた．併せて職場でも仕事の整理を行い，休職の準備に入った．

　5か月目，本人は作業時間中も表情が固くなり，周囲によい影響を与えなくなっていると判断し，配偶者，子どもたちも含めて話し合いを行った．その結果，3か月後の移行を目標にした．

　この時期には，妻も多くの支援者との出会いで気持ちが和らぎ，介護認定後にサービス導入を始め，1か月間並行利用した後に「仕事の場」を終了した．現在はデイサービスを週2回利用し，妻も余暇の時間がもてている．

　Bさんは他院で数年間，確定診断に至らないまま診療が継続されていた．それが背景にあることを考慮し，妻との面談を頻回に行った．仕事をすることが好影響ばかりではないことを伝えながら，経済的状況の整理，病気や制度についての説明を行い，最終決定の場面では子どもたちにも参加してもらうことで受け入れが行えた．

3）Cさん：50歳代女性
・在籍期間；6か月

　診断直後に夫の勧めで参加した．目的などの確認は行ったが，しっかりと認識できたかは不明のまま配偶者の決定で開始した．

　作業はほぼ行えるが，検品などのモレが目立ち，説明や修正を伝えると「自分ではない」という発言が増え始め，「私だけがいじめられる」との発言が聞かれるようになった（2か月後）．

　また，そのころから他の参加者とのトラブルも目立ち始めるようになったため，本人・家族に状況を説明しながら介護認定につなぎ（3か月後），認定結果後すぐにケアマネジャーと相談し，デイサービスの見学に踏み切った（5か月後）．

　当初は気が進まなかったデイサービスへの参加も，1か月後には「楽しい．こっちのほうが気楽」との話が聞かれるようになり，並行利用していた"仕事の場"を終了した．

　夫は強く並行利用を希望したが，繰り返し説明を行い，本人にとっての過ごしやすさが重要であることを伝えた．参加時の目的の確認と本人の意思確認の重要性を再認識した例であり，「なにかがしたい」＝「働く」ことばかりではないという認識が必要である．

6.　"仕事の場" が果たす役割

　「仕事の場」は制度外の取り組みではあるが，まずは，診断後に同じような立場にいる若年・軽度の認知症の人が仲間と出会う場所である．そこでは，認知症であることを隠さず，内職作業ができなくなったらそのことを認め，スタッフのアドバイスと工夫でできることへと変えていく．また，内職はその後なにかの製品になっていくことから，社会とつながっていることが実感できる場所でもあり，週に1回集まる動機づけになっている．さらに，工夫をしても作業ができなくなっていった場合は，介護保険制度のデイサービスなどへ以降することがスムーズに行えた．
　「仕事の場」は，診断と介護保険制度の隙間を埋める取り組みである．以下に「仕事の場」が果たしている役割を記す．

1）仕事をする場
　わずかであっても働きに対して対価があることが，モチベーションにつながった．それとともに，クレームなど仕事における厳しさも受け止められた．収益の少なさについては「交通費の補助がほしい」と制度への要望も話された．

2）社会とのつながりの継続
　なにかの形で，どこかの，だれかの役に立っているという実感か

ら，社会の一員としての意識も高まった．

3）仲間

　仲間と過ごすなかで，「仲間のつながりがあるのでいい」と安心し，さらに平気で「もの忘れ」といえるようになり，抵抗感が減ってきた．その状況から少しずつ病気を受け入れ，介護保険を知ることで，実際にスムーズなデイサービスなどへの移行につながった．

4）病気の受容

　作業手順を忘れたり，正確にできなくなったりしたことをきちんと本人にも伝え，改善策を考えながら仕事を続けた．そのなかで，できなくなるばかりではなく，できなくなったことをできることへ変えていくという考え方が受け入れられ，病気自体についての抵抗感が減った．

5）症状を理解したうえでの見極め

　最大限の工夫をしても作業がはかどらなくなったときの，移行を見極める基準（正確な作業ができない）がはっきりした．その結果，本人や家族とも介護保険サービスへの移行について話すことに抵抗がなくなり，同意が得られやすく，スムーズな移行につながった．

6）次への準備の場

　「仕事の場」は，退職後にわずかではあっても働いたことで対価が得られるという社会とのつながりの場であり，仲間やさまざまな支援者と出会うことで，診断後の支援の空白期間をなくす場となった．また，介護保険サービスへスムーズに移行できる準備の場としても重要と考える．

7. 障害者などの他支援機関との連携

1）働き・暮らし応援センターとの連携

発達障害のあるＡさんはこれまで，作業所の利用経験もあるが，人間関係を構築できずに短期間で利用中断になっていた．

　「これまで働いた経験もないし自信がないなぁ～．いろんな人と関わることができる機会があればいいのになぁ…」

そのＡさんが「仕事の場」で８年間継続して参加している．「仕事の場」での仕事を通じ，世代を超えた人たちの関わりの経験ができた．社会人の先輩として若いＡさんにいろいろなことを教える「仕事の場」のメンバー．働くことを通じて互いに得られる大事なものがある．新たなメンバーも主治医との連携でサポートを受けながら，参加につながる予定である．

2）滋賀県地域若者サポートステーションとの連携

若者サポートステーションとは，若者の就労への自立支援を目的に厚生労働省が，若者雇用対策の一環として全国に設置したものである．

一定期間無業の状態にある 15～39 歳までの若者の職業的自立の支援を目的に，職業意識の啓発や社会との調和などの支援を行っている．仕事や就職に関する相談を，専任の相談支援員や臨床心理士が個別に応じ，また地域ネットワークを使って若者の自立を包括的に支援している（HP：http://www.shiga-support.jp/参照）．

2015 年 7 月に滋賀県地域若者サポートステーション（以下サポステ）のスタッフが"仕事の場"を見学．9 月にサポステからの紹介で，アルバイト経験や社会人経験がない 20 代の男性が初めて「仕事の場」に参加した．

緊張した様子で入室した彼は，サポステのスタッフからの一声を

きっかけにあいさつした．終了後の感想には「単純な作業ではあるが，だからこそ気が抜けない」ことなど，仕事として参加者といっしょに取り組んでいた．

　当初は表情が硬かった彼も，「仕事の場」の参加者から声を掛けられ，緊張感も少しずつ和らいできていることから，これをきっかけに次にステップアップできればと思っている．

　これまで男性2名，女性6名の8名が1か月に1回，計5回にわたり参加した．支援者2人が必ずつき添っている．

8. 参加者の感想

1）働き・暮らし応援センターからの参加者
「新しいことにも要領がわかれば対応できる」

「新しいことがうまくできた．発達障害の「弱み」を1つカバーできそうだ」

「新しいこともやってみれば案外できるもの．勇気を出してやることが大切」

「作業量が多いのは大変．それでもくよくよ考えずにやるしかない」

「世の中には多様な個性や考え方をもった人がいる．それを尊重するのもフトコロの広さだろう」

「またしても1年が終わり，新しい1年が始まる．仲間を増やす1年にしたい．」

2）滋賀県地域若者サポステからの参加者
「初めてで緊張していたのですが，皆さんに暖かく迎えていただいて，とても安心して作業ができました」

「前回と同様に皆さんに優しくていねいに教えていただいたので

作業も困ることなくできました」

　「今日も楽しく作業させていただいて，隣の人とも話が弾みとてもよかったです」

　「回数を重ねるごとに，他の人とも話せるようになってきました．少しずつですが，前に進めている感覚があります」

9．同じ場所に集う意味

　「仕事の場」は，地域住民，地元医師会，精神・発達などの他の障害の人たち，現役の介護者ボランティア，家族会などが自由に参加しており，他の医療機関とも密に連携を取るなど，地域に開かれた場所であることが重要であり，地域啓発の役割をもっている．

　自分たちの社会参加と位置づけている参加者には，老人会からの参加3名，家族ボランテイアの参加が8名であった．

　そして，人と接触することが苦手でコミュニケーションに課題をもつ人にとって，若年認知症の人をはじめ，支援者を含めてさまざまな人たちといっしょに作業を行うことが，社会参加の第1歩となっている．記憶障害や作業能率の低下はあるが，社会性は残っている若年認知症の人と，記憶は保たれており，作業能力は保たれているが，社会性や周りとの協調性が失われている若者とは，お互いの欠点を補い合うように時間を共有している．

　時間の長さの感覚を失い，休憩時間が終わってもそれを意識できない若年認知症の人に，「休み終わってますよ！」と若者が声を掛け，「ありがとうね！」と返事をする．仕事の輪に入れず，おずおずとしている若者には，作業の手順を若年認知症者が教える．親の世代に厳しく対応されてきた若者に対して，認知症の困難に立ち向かおうとする親の世代の人たちは優しい．

　精神障害の人や社会と折り合い難い若者への支援員は，基本的には見守り，必要以上に手は出さない姿勢で接している．それが彼らの支援の方法であるようだが，それは，クリニックでの認知症の人への支援方法と共通している．

　1）介護者ボランティアの言葉
「自分にも優しい気持ちがあると気づきました」
「介護するだけでなく，社会とつながる場所ができました」
「なにか人の役に立っている感じがいい」
　2）老人会ボランティアの言葉
「どこが悪いんや．（自分たちと）なにも変わらないやないか」
「お互いさまやないですか」
「（遅れてきた障害をもつ参加者に）おう来たか．遅刻やぞ」

10.「仕事の場」の風景

　ここでは「仕事の場」の参加者の現場での様子を，時期を追って紹介する．

　1）大切なことはいつも本人が決める（2011年10月）
　毎週水曜日の昼の12時になると，50〜60歳代前半の若年認知症の人たちが滋賀県内各地から電車に乗って，1人また1人とクリニックに集まってくる．早めの昼食をすませて来ているので，到着後すぐに内職の仕事が始まる．
　仕事を途中退職したばかりの若年認知症の人たちで「仕事の場」が始まったのは，外来通院中の彼らに「デイサービスではなくて，できる仕事を探していっしょにやりませんか?」と声を掛けたことが

きっかけである．最初は参加者が3人だった．自分たちで「ちょっと気晴らし伸び伸びの会」と名づけたが，この会の名称を諳んじて覚えている人はいない．

　仕事はスタッフがインターネットで探し出したもので，「猫のおもちゃの部品」作りは，ペット用の玩具を作る町工場の，彼らと同世代の社長に交渉して受注できた．ほかに「自動車の内装の部品」作りもある．「これがあの車の一部になるんやね」と励みになる．

　もちろん，出来具合の検品は厳しい．受注数は必ず仕上げなければならない．これはれっきとした仕事なのである．彼らに「仕事とボランティアは区別してほしい」という気持ちがあることは，若年認知症の人の言葉から繰り返し学んだことであった．

　この「仕事の場」は「若年認知症就労プロジェクト」として，2011年10月25日の準備会からスタートした．診断・告知の後，若年・軽度認知症患者が自分たちで活動を決め，社会参加を目指し，症状が悪化してもその活動を維持し続けようとする「もの忘れカフェ」（次章参照）に参加するまでの居場所作り，と位置づけている．

　記憶障害があって時々手順を忘れても，軽度の失行で作業が少しやり難くても，病気に負けまいとする認知症の人の前向きな気持ちや，スタッフが休憩時間のコーヒーカップの数を間違えて用意したら「先着順ですか?」と明るい冗談が飛び交う彼らの社会性の高さは，県立病院時代からクリニックの現在まで，変わらず見続けてきた風景である．

　もちろん，診断方法も症状解析も格段に進歩し，活発な社会啓発の成果で，より軽度で若年の人が医療とケアの現場に増えてきたことは事実であるが，認知症の人もその家族も，病気と向き合いながら，仲間やよき支援者を得ることで何とかそれを乗り越えようとする姿は，今も昔も変わらないのである．

2）ここには絆があります（2012年10月）

　1年間で「仕事の場」の参加者は10人ほどに増えた．しかも1人も辞めることなく続いていた．メンバーの1人は介護保険制度のデイサービスを利用し始めたが，それでも週に1回のこの「仕事の場」には欠かさず参加していた．出入りは自由で，仕事の開始時間である12時よりかなり前にくる人，1時間くらい遅れて参加する人もいた．仕事の収入は，彼らが開設した銀行の口座に振り込まれ，時々使い方をみんなで話し合った．5月にはそのお金で宅配ピザを頼み，ノンアルコールビールで乾杯して，「仕事の場」が半年間続いたことを祝った．

　仕事の効率は徐々に上がってきていた．収益もほんの少し増えたため，話し合いの結果，第2回目の配当として全員に数千円が配られた．そのとき，メンバーの1人が「僕たちが作った『猫のおもちゃ』らしきものがホームセンターの商品棚に置かれていた」と笑顔で報告した．

　参加者のほとんどは退職するまでの数年間，職場の上司とクリニックの間で業務状況や病状の情報交換をしながら就労を続けた人たちである．退職したいまでは，仕事に見切りをつけている．それでも，参加者の妻たちから次のような話を聞いた．

　「配当をいただいた日，とても嬉しそうにお金の入った封筒を渡してくれました」

　2012年の2月から「仕事の場」に，精神障害がある人が参加し始めた．クリニックと同じビルの2階にある「湖南地域働き・暮らし応援センターりらく（湖南地域障害者就業・生活支援センター）」との連携によるものである．その結果，ほかの作業所に参加できないでいた精神障害のある人たちと，まだ病気と折り合い始めて間もないことからデイサービスに参加できずにいる若年認知症の人たちが，「仕事の場」で時間を共にすることになった．

　精神障害がある人が「仕事の場」を自分の居場所として受け入れたとき，叫ぶようにいった言葉がある.

　「ここには絆がありますよね. "ONE PIECE の船" みたいだ」

　『ONE PIECE』という漫画を知っている人も知らない人も，思わず納得してうなずいた.

　一方，1 年を過ぎて参加者の認知症の症状は残念ながら少しずつ進行し，作業にも個別の配慮がさらに必要になってきていた. いずれは 1 人で「仕事の場」に来ることができなくなるか，納品できるだけの製品が作れなくなったら，デイサービスへ移行すべき時期がくるのである.

　仲間たちと出会い，社会とのつながりを失わず，いまの自分にできることをしようとしている彼らに必要なのは，「仕事の場」と同じように過ごすことのできるデイサービスである. しかし，軽度認知症の人への関わり方には「認知症ケアの質」が大いに関係しているため，地域での受け入れはそれほど簡単なものではない.

　この「仕事の場」の取り組みには，ボランティアとして彼らの支援に関わる保健師，ケアマネジャーなどのほか，何人かの医師が参加している. 彼らは地元医師会の医師会長たちだと紹介されてもにわかには信じられないくらい，この風景に溶け込んでいた.

　「仕事の場」に集まって参加者の声を身近に聞き，いっしょに作業をしていた医師，ケアマネジャー，保健師，行政職，障害のある人たちの支援者たちが，2012 年 5 月から定期的に「若年認知症支援ネットワーク会議」を開き，若年認知症に対するさまざまな問題点を話し合っている. 2012 年度の目標は，この会議のメンバーで，滋賀県が前年度に作成した「若年認知症支援マニュアル」を，より当事者目線のものに作り直すことにした.

　さらに翌年度は，産業医たちの協力を得て，できる限り多くの企業に対して手分けして啓発をすることに決め，多くの産業医との話

し合いの場をもった．そこに参加しているN市は，「仕事の場」のブランチ作りために地元の医師会に協力要請を行い，また別のO市は地元の企業に若年認知症に関するアンケート調査を行い，各企業に啓発に出向く準備をしている．

　また，クリニックに通院している患者の妻ら家族が，友人とともに「仕事の場」にボランティアとして関わっている．支援者たちにとっての"ONE PIECE の船"にも，少しずつ"乗組員"が増えてきていた．ここには，支援者たちにとっても"志"を同じくする仲間がいるのである．

3）みんな仲間だと思っている（2013年3月）

　開設から約1年半が経っても，最初の3人の男性を含む10名前後の参加者は，ほとんど欠かさず「仕事の場」に集まってきていた．それぞれの症状は少しずつ進行していて，細かな作業ができなくなった人もいるが，それに合わせて役割を変えることで，相変わらずここは居場所であり続けているようであった．デイサービスを利用し始めていた1人も，併用して参加し続けていた．

　少し遅れて参加した精神障害のある若い参加者も大事なメンバーの1人である．この日は，些細な冗談に「どうしよう，どうしよう」と頭を抱えてしまった．しかし「冗談やで」との声が入ると，「そうですね．冗談ですね．冗談に慣れなくて．でも，これから冗談にも慣れていきますからね」と，すぐに気を取り直した．

　45分の作業がひと区切りすると，この人の「終わりましたね」のひと声が入るのが常であった．風邪で休みの日はその区切りのひと声が聞けないことで，みんな拍子抜けしていた．

　「終わりましたね」のひと声を必ず掛けてしまうこと，冗談を冗談と取れないこと，そのいずれも若いこの人が社会と折り合いづら

かった原因の1つで，そのために，ほかの居場所では続かなかったのであろう．しかしここでは，若年認知症の人たちの力を借りて暮らし難さを少しずつ乗り越えようとしていた．

　2003年にスタッフたちと訪れたデンマークオーフス市での研修で学んだ，「問題でないことを問題にしてはいけない」というのがBPSDに対する基本的な向き合い方である．ここでの若い彼の行動がさして問題にはなっていないのは，みんなが仲間として受け入れていることと，それを“見えない形”で支えているスタッフのケアがあるからである．

4）社会とつながることができる（2013年8月）

　2年目を迎えようとしていたこの時期も引き続き10名が参加していたが，そのうち，デイサービスを利用しながら本人の意志で「仕事の場」を続ける人が5人になっていた．

　仕事の手順にも変化が見られるようになり，製品の仕上げの精度を上げたり，作業効率を上げたりするために工夫をこらしたグッズが徐々に増えてきていた．たとえば，おもちゃの部品の本数を数えるために冷凍庫で使う製氷皿を利用したり，作業工程の変化がわかるようにカラーの目印をつけた棚を作ったりしていた．

　参加者の作業能率が落ちていくのは，認知機能障害が進んでいくからであるが，内職への参加を続けるかどうかは，基本的には本人が決めることである．もし，参加の継続が決まったなら，スタッフは道具の工夫ではなく，その人のために作業の区切りを知らせるような声掛けのタイミングを考えている．

　面ファスナーの仕分け作業を発注している野洲市の繊維染色加工業「S」の社長は「あくまでも品質維持が大前提」としながらも，「認知症という運命に向き合う人々の生きがい作りに，できる限り協力したい」と話す．もう1つの仕事の発注元である玩具店の社長も，

会社にあいさつに出向いた同年代の認知症の人に，「僕と同じ歳の人たちなんだね」といつもエールを送ってくれる．

　ある日，完成目標数が非常に多かったことがあり，「もの忘れカフェ」に参加している高齢者グループにヘルプを依頼したところ，「できることはやってあげるよ」と快諾いただき，作業を手伝ってもらうことになった．介護保険制度のデイサービスに参加している高齢者が，若年認知症の人たちの"仕事"をボランティアで応援する．この診断直後の乗り越え切れない辛さを抱えた若年認知症の人たちへの，高齢の認知症の人たちの思いやりのこもった活動は，この日の連絡帳に書かれて家族へ伝えられた．

　「仕事の場」のもう1つの広がりは，家族ボランティアの協力が広がったことである．このころのボランティアは6名だったが，そのうち4名が現役の介護者である．自身も非常にたいへんな介護を続けながら，「私もこれで社会とつながることができます」と異口同音に話していた．

　そして2013年8月11日，「仕事の場」は大きな転機を迎えた．それは，「仕事の場」を若年認知症の人を中心にしながらも，精神障害や発達障害の人，社会とつながりをもてない若者など，他の分野の"支援の狭間にある人"たちが参加しやすいようにすることであった．そしてまた，多くの支援者を募ることができることを目的とした NPO 法人「もの忘れカフェの仲間たち」を設立したのである．

5）認知症のイメージを変える（2014年8月）

　NPO 法人を立ち上げて以後の「仕事の場」は，10名以上の若年認知症の人のほか，精神障害の人，現役ないし元介護者の人，老人会の人など約10名にスタッフを加えた総勢20数名が，毎週水曜日に集まって仕事を続けていた．請け負っている仕事は，従来の玩具部

品，自動車の部品のほかに 2014 年の３月から，診断後の本人・家族へ手渡す認知症への対応方法の説明資料の袋詰めが加わった．

　これには説明資料とともに，高齢の認知症の人が描いた琵琶湖の絵，「認知症と診断を受けたあなたへ；いまはなにもいわれたくないと思いますが，少しずつ前に進みましょう」という何人かの合作の自筆のメッセージカードがいっしょに入れられる．毎回，袋詰めが終わった約 700 袋を段ボール箱に詰めて発送しているが，今日もどこかの医療機関で診断直後の認知症の人と家族に手渡されていると思われる．

　「もの忘れカフェ」の高齢認知症の人と「仕事の場」の若年認知症の人が連携して，自分たちの〝いまの元気〟を，認知症の診断を受けた人たちに伝えているのである．

　ところで，NPO 法人を設立するときに介護の真っ最中の人たちに「仕事の場」のことを紹介したが，多くの介護者から異口同音に聞かれた次の言葉が耳に残っている．

　「私たち家族もやっと社会のなかで役割をもつことができます．
　いつも（介護者として）支えられるだけの立場でしたから」

　いまは「仕事の場」にボランティアとして参加し，若年認知症の人から「これはこうするんやで」と仕事の手順を教えてもらっている．そのことが認知症の人の責任感や自信を引き出すことに役立っているし，その姿に「こんなに元気で頑張っておられるなら，私も負けていられません」と逆に励まされてもいる．

　また，「暇だからきてみたよ」といいながら参加し始めた地元の老人会の人が，「これからは（世間の）認知症のイメージを変えてあげる」といいながら，一心不乱に作業に集中している．その向こうでは，若い精神障害の人が置き時計のアラームの音を聞いて「休憩時間ですよ〜」と大きな声で知らせてくれる．

　時々果物を差し入れてくれる元医師会長も，「認知症対策は最重要

課題だ」と宣言している現医師会長も，ケアマネジャーも新聞記者も参加しているみんなが，互いに支え支えられることに垣根のない時間と空間を共有している．

6）ここではだれもが普通である（2017 年 7 月）

　6 年目になる 2017 年も，「仕事の場」は 20 名以上の若年認知症の人たちの参加で続いている．仕事は午後 12 時からだが，午前 10 時にはもう 10 名近くの若年認知症の人たちがやってくる．コンビニで買った昼食のおにぎりや弁当を持参したり，親しい仲間が来るのを待って近くのうどん屋に連れ立って出掛けたりする参加者もいる．ここでできた新たな友人との仕事前の昼ご飯も楽しみの 1 つのようだ．

　12 時近くになると総勢 40 名近くになる．県内各地から約 20 名の若年認知症の人，数名の高齢軽度認知症の人，発達障害やうつ病の人などが参加する．

　さらに月に 2 回，社会に出ることが難しい若者たちが支援者とともに参加してくる．若い彼らは，初めて参加したときにはおずおずと小さくなって座っていたが，慣れてくると自分の父母の年代の若年認知症の人たちとのやり取りもできるようになり，元気になってくる．若年認知症の人たちは，自分たちも病気に苦しんでいることから，同じように苦しんでいる若者たちに向ける視線と言葉は非常に優しいものがある．

　ある日は，新たに 3 名の若年認知症の参加者が参加してきた．みんな最近仕事を休職した男性である．心配そうにつき添ってきた妻たちではあるが，仕事が終わるまでは離れてもらうことが原則である．しかし，新しい参加者は例外なく，仕事の時間も休憩時間のおしゃべりも楽しんで帰る．

　さまざまなことを学ばせてくれる「仕事の場」は，仕事を通して

社会とつながる場であり，仲間と出会える場所なのである．さらに，認知症ケアの専門職と出会い，できなくなった作業過程に対するケアの工夫を教えてもらうことで，仕事をやり遂げられるようになることを学べる場所でもある．「工夫次第で何とかなる」である．

　最近は，仕事の最後に総勢40名で30分ほど脳トレゲームを行っている．発達障害の若者の正解率が非常によくて，認知症の人たちが感嘆の声を上げて褒めるので，彼らもちょっと誇らしげである．

　認知症になった"ドラえもんの声優"の夫が亡くなったニュースが流れてきた翌日のことだった．いつもは元気に参加している50歳代の女性が「自分のことのように思えて，先行きのことが心配になってきて，ニュースを見ながら泣いた」と，だれに話すでもなくポツンと独り言のようにつぶやいた．周りにはボランティアの女性が3名いたが，何と答えてよいかわからず黙っていた．

　そこで，いつも傍にいて困ったときは相談に応じている看護師が，大きな部屋の隅から両手でメガホンを作り「大丈夫だよ〜！」と声を上げた．それを聞いていた認知症の男性が2人，「聞こえてる，聞こえてる」「普通に聞こえてるで」と呼応した．すると定時より早くきている10名近くの認知症の人たちが，「みんな聞いてる」「みんな知ってる」とあちこちで声を上げた．涙ぐんでいた女性は「よかった！」と，ホッとして笑顔になった．

　この女性は「仕事の場」に参加して以来，外来診察の場面ではいつも「ここでは気兼ねなくしゃべれる．だれかの顔色を見なくていい．私の行く所がある．ここでは，なにをいっても大丈夫」と話している．仕事には集中しながら，休憩でお菓子を食べるときは「認知症ということを忘れるワー」と，お互いに確認しながら過ごしている．

　彼らにとってここはもう，認知症だから来る所でもなく，お茶飲み話だけをする場所でもなく，内職仕事とはいえ，ほかの障害があ

る人，住民，20歳前後の若者も含めて，仲間とともに社会の役に立つことができる場所である．いまはもう，なにか"決意"して来る所でもなく，「水曜日だから，行ってくるね」と，普通に通ってくる場所のようだ．

　もしなにかで悩んだら，仲間もいて互いに助け合う．そして自分のことを，自分の病気のことをだれよりも知っている「生きる頼りのより処」（故室伏君士先生）の人がいる場所でもある．

7）それぞれの戦い，それぞれの物語（2018年）

　「仕事の場」では和やかな顔を見せている参加者であるが，一方では，家族とともに病気と戦い，その不安を何とか乗り越えようとしている．

　1時間半をかけて琵琶湖の反対側から電車に乗ってきている62歳の男性は，診断直後，何度も同じことをいってしまうことを自分では止められず，イライラしていた．しかし，「仕事の場」にくることで，同じ年代の若年認知症の仲間と内職に没頭し，休憩時間には冗談を言い合ったりして，一度も休むことなく，6年間通ってきている．月に1回，診察日には奥さんとともにやってきて，1か月間の出来事を聞かせてもらう．この男性は，時々配られる内職代を大切に使っていて，近くの本屋で文庫本を買うことと，交通費が貯まれば，他府県の美術館に絵画を観に行くことを楽しみにしている．

　「女房の稼いだお金ではなくて，自分で稼いだお金で買いたいよね」というのが，この人の口癖である．時々，閉館日を知らずに遠出して，「コーヒーを飲んで帰ったよ」と照れながら話している．この人は認知症の悪化防止策として，朝晩毎日ジョギングをすることを日課にしているだが，真夏には，真っ黒に日焼けした顔で現れるので，本気で熱中症が心配になる．一方，月に1回受診に付き添ってこられる奥さんも，診断後に仕事を辞め，友人とととともに開いて

いた，月2回の"食事会"の料理作りをご主人に任せることにした．もちろん，友人たちの後押しもあるのだが，"焼きそば"や"カレーライス"などを，下ごしらえからしてもらっている．外来では，そのメニューのお披露目があるのだが，この男性が，学生時代に作ったという"鯖の水煮入りのカレー"を思い出して作ったら，絶品の味であったようで，ちょっと自慢げであった．

　このご夫婦の周りでは，"若年認知症"のことはタブーではないようだ．いまは，片道1時間半の仕事の場への"通勤"が長く続けられることを祈るばかりである．帰りの電車の都合で，仕事の場が終わっても，時間まで片づけを手伝ってくれるこの人に感謝しながら，最初に文庫本を買ったことを報告してくれた男性の笑顔と，"鯖の水煮入りのカレー"の美味しさを伝えてくれた奥さんの笑顔が忘れられない．小さな嬉しいことの積み重ねが，この人たちの病気との戦い方で，自分たちの小さな物語を紡いでいるのである．

　また50歳代の女性は，いつも満面の笑みを絶やさない元気印の人であるが，ある時期，部屋に入るときの元気なあいさつの声と笑顔が消えたことがあった．スタッフも，主治医も，病気の進行を心配して，家族と話し合ったのだが，奥さん思いのご主人が，"リハビリ"のつもりで，料理の味について，強すぎる励ましをしたようだ．善意からの関わり方であったが，大好きなご主人の思いにこたえられないことが，この女性の気持ちを重くしていた．娘さんたちとの共同作戦で，ご主人の気持ちも大切にしながら，本人へのプレッシャーを軽くしてもらったら，再び，仲間とともに冗談を言い合いながらの元気印に戻った．「仕事の場」は単なる居場所ではなくて，家族との関係にも気づくことができて，総合的な支援に結びつけることができるための，大事な場所である．

　そのような「仕事の場」は，スタートから7年が経ち，2017年度

は, 延べ2,123名が参加者するなど, 制度の垣根を超えた場になった. 参加者は, 滋賀県内すべての市町村から, 電車に乗ってこられているが, そんなある日, 内職の手をとめて, 自分たちの気持ちをみんなで語り合う1日があった. せっかく楽しみにしている内職仕事が不足気味になったのだ. そこで, スタッフリーダーの看護師は, 仕事が不足していること, 新たな内職を探すツテが少ないことを参加者に隠すことなく話す事にした.

　すると, この日ばかりは, だれひとりとして冗談をいう人もおらず, みんなが異口同音に「仕事にこだわりはない. 会社やお店に出向いて説明をしよう」といい, また, ある人は, 「人数が多いのでできることもたくさんあるというメリットを伝えよう」「こんなときは, 行政やで. 内職的な仕事をたくさんもっているよ. みんなで話に行こう！」などとアイディアを話した.

　この話し合いを経て, 行政や企業に支援を求めるように動き始めることを決め, "私たちの仕事の場に関心をもち, いっしょに取り組んでください. 働くことでつながるこの場の広がりのために, 私たちだけでなく, これから先, 認知症の診断を受ける人たちのためにも, この場所は途絶えさせてはいけないと思います"というメッセージとともに4ページのリーフレットが出来上がった.

　この話し合いの後, 参加している50歳代の女性が, 呟いた. 『昨日, 腹の立つことがあったよ. 近所の人とすれ違うときに, 「おはようございます」とあいさつしたんやけど, すれ違った後に, 「認知症でもあいさつできるのか」と話していた. まだ, そんな風に思われていたんやね. 腹が立つ！ みんなで, そんな偏見, ぶっとばそうよ！』

　「仕事の場」は, スタッフたちの工夫と頑張りで, 6年間, 若年認知症の人だけでなく, 制度の隙間にいる多くの人たちを支えてきたが, いまは参加者たちが, 自分たちで次の世代に引き継ごうとしている.

8）「仕事の場」から新しい場所へ（2019 年）

　「仕事の場」に集まる 20 数名の若年認知症の人は，認知症の診断がついているので，記憶障害のほかに，注意力や集中力の低下とか，それらの症状が重なり合っての実行機能障害によって，内職仕事の出来栄えは，1 人ひとり日々異なる．その日の内職の内容によって，参加者の役割分担を変えながら，仕事がやり辛くなったら，道具の工夫ややり方への配慮を行ってきた．場に慣れてきてサボり気味のときは，励ましたり，叱責したりと，精神的にも支えなければならないので，支援するスタッフたちの役割は半端ではない．軽度とはいえ，いや，軽度だからこそ，“病気を抱えていること”への配慮が欠かせないのである．

　ところで，参加し始めのころは，前向きに頑張ることを繰り返し表明し，新しい参加者がくると，“いっしょに頑張っていこうね”と励ましてくれていても，病気とは残酷なもので，参加して何年か経つと，内職仕事で対価をもらいながら，社会とつながっていたいという，“参加する目的”が薄れていき，少し難しい課題に直面すると，仕事が嫌になってしまうことが増えてくる人が多い．そろそろ，次の居場所へ移っていくべきなのだが，この“卒業”が難しいのである．せっかく，居場所としては成り立っているのに，来れば楽しいのに，なぜ他の場所に移る必要があるのか．

　パーキンソン症状が出るレビー小体型認知症の男性が参加していたときのことである．最初は，下を向いて作業すると，流涎で製品を汚すといけないといって，マスクをつけてきたり，紙袋のフタをまっすぐに折れないと，短い定規を使って折ったりと意欲的に作業をしていた．1 年ほど経って，いろいろな工夫をしたが，細かな作業ができなくなっていった．何度か「仕事の場」からの卒業を提案したが，それでも続けたいという強い意思表示があった．

　この人は，職場との就労の話し合いで，電子部品の開発の責任者から，資料の管理を経て，個人ロッカーの鍵の管理担当となり，2年間の就労継続後退職となった．職場の人事や上司，同僚などとの話し合いをしながら，仕事の内容を変えていくという，"就労継続支援"を行った人であるが，会社の配慮で仕事が続けられたことへの感謝と，単調な仕事を続けることの辛さを感じての退職であった．したがって，2度目の「仕事の場」からの卒業には，強い抵抗があったようである．

　しかし，スタッフとのていねいな話し合いと，奥さんの後押しもあり，3か月後，デイサービスである「もの忘れカフェ」へと移行した．

　その日のこと，自宅のドアを元気に開け，妻へのひと言「今日でお仕事を卒業しました！」奥さんからの言葉は「2回目の退職，ご苦労さま」と労った．翌週，「僕はどうして（「仕事の場」を）辞めなければいけなかったの？」と確認を入れてきたので，「仕事ができなくなっていましたよね」と答えると「そう…そう…悔しい，馬鹿野郎と思う」と，笑顔で話してくれた．新しい場所で，新たな病状との折り合いが始まったのである．

　この人は，その後，クリニックのデイサービスである「もの忘れカフェ」に通っていたが，数年後，認知機能障害とパーキンソン症状が悪化したため，入浴サービスのあるデイサービスへと移行した．外来通院は続けているが，いずれ，在宅専門の医師に診療をバトンタッチする予定である．「仕事の場」は大切ではあるが，病気の全経過を支えることのほうが，より以上に大切なのである．

9）支援者が病状の悪化に勇気をもって向き合えること

　「仕事の場」についての項を終わるに当たって，大切なことに触れておきたい．

　アルツハイマー型認知症（MMSE 26点）の女性（55歳）は，「診断を

受けたときには，パニックになったけれど，就労という場所で，普通の人になれていると思う．（新しい参加者に）最初にきたときの気持ちがわかるから，勇気づけてあげられる．この世の終わりではないのよって，覚えることは諦めている，忘れていることも忘れているかもしれないけど，（家族に）聞いたらいいかって．内職に来ているから元気です」といつもいっていた．

　この人は，いつも満面の笑みを絶やさない元気印の人だが，ある時期，部屋に入るときの元気なあいさつの声と笑顔が消えたことがあった．スタッフも，主治医も，病気の進行を心配して，家族と話し合ったのだが，奥さん思いのご主人が，"リハビリ"のつもりで，料理の味について，強すぎる励ましをしたようである．
　善意からの関わり方であったが，大好きなご主人の思いにこたえられないことが，この女性の気持ちを重くしていた．娘さんたちとの共同作戦で，ご主人の気持ちも大切にしながら，本人へのプレッシャーを軽くしてもらったら，再び，仲間とともに冗談を言い合いながらの元気印にもどった．
　このように，いったん病気は受け入れ，症状と折り合って暮らそうとしているときに，"よくしたい一念"で，家族が，過度の脳トレや脳リハビリをさせることは，その期待にこたえようと，症状を受け入れず"私ができないのはまわりが邪魔をしているから"という判断に変わることが往々にしてあった．
　別の元気印の 50 歳の女性は，"もの忘れのことを思うと涙が出るけど，ここ（仕事の場）に来ると，気兼ねなく喋れる，（他の人の）顔色を見なくてよい，私の行く所がある，なにをいっても大丈夫，お父さんは正常だから，私の気持ちはわからん，お父さんも記憶がなければわかってもらえるけどね"と，外来でいつも話していた．

　ところが，参加して4年が経つころには，集中力に欠けるようになり，細かな手順ができなくなると，作業が面倒になって，雑談が多くなった．注意すると，しばらくは作業に向き合うが，また雑談に戻る．そのようなことを繰り返しているうちに，「私，ちっとも悪くない．何でこんな簡単な仕事をしなければならないの？」と，病状の悪化を認めなくなり，他の人の失敗を指摘するようになった．プライドも高く，ほかの居場所への移行の意思はなく，徐々に穏やかさを失っていった．家事などもできなくなっているのだが，家族を入れての何度かの話し合いでも，生活能力の低下を認めようとはしなかった．

　「仕事の場」での変化を，スタッフから何度も聞かされていたのだが，外来での陽気さにごまかされて，病気の自覚が薄れていることに気づけなかったのである．

　そして，デイサービス「もの忘れカフェ」へ移行したが，そこでも，一見症状が悪く見える人の"助っ人"をしようとするが，実は，本人のほうができないのである．しかし，そのことを素直に認めるのかと思えば，材料や道具が悪いと機嫌が悪くなる．そのうち，スタッフの対応が悪いなどとなってくる．

　リーダーは，"症状が悪くなっていること"と，"できなくなっていても，できることで頑張ってみたら"と言い続け，ご主人にもそのことを伝えた．そして主治医も，デイサービスでの様子をスタッフから聞きながら，外来で現状を本人とご主人に伝え続けたところ，何か月か後に，できなくなったことは（いい意味で）諦め，できることをするようになった．刻々と変わる軽度期の人たちの気持ちに気づき，適切なアドバイスと支援，そこから，他の場所への移行時期を見極めることが重要であるが，いわゆる"認知症カフェ"などでも，その必要性は同様であると思う．支援者が症状の悪化に向き合って本人に伝える勇気がもてるかどうかである（図2-6）．

図 2-6.　"仕事の場"への支援を；参加者が話し合った（2017 年 7 月）

10) 仕事の場についての考察：仕事の場が不要になる時

　退職直後のごく軽度期の若年認知症の人の居場所，社会との接点，仲間作り，ケアを学ぶ場所としての「仕事の場」は，内職仕事を提供してくれる企業の参加を促すことで，社会を巻き込んだ取り組みにもなった．ところが，インフォーマルな取り組みでもあるために，新型コロナの蔓延によって，"密な作業"を避ける必要が出てきた．もちろん，仕事を発注してくれている企業に対する責任もある．

　そこで，第 1 段階，「仕事の場」に参加するしか行き先のない人たち限定で活動しようとして，デイサービスへ参加できる時期の人は，デイサービスへの参加を強く勧めた．ところが，再度，コロナの蔓延がひどくなったため，内職の受注を断り，「仕事の場」を一時中断することとした．

　しかし，外来通院中の若年認知症の人たちの状況をみれば，2011

年に仕事の場を立ち上げたときと比べて，就労中の職場での就労継
続が長く続いていることもあり，「仕事の場」の必要性も減ってきて
いる．企業における就労継続が順調に進み，そして，受け入れ先の
デイサービスのレベルが上がれば，その間を埋める「仕事の場」的
なものは必要なくなるのである．

11）社会参加の場所 "Hej（ハイ）" の部屋ができた：居場所は進化する（図2-7）

　ところで，新型コロナの感染拡大によって，大人数が集まる "仕
事の場" は一時的に休止にした．感染状況だけでなく，最近，職場
での就労継続支援が確立されて，診断後かなり長く仕事ができるよ
うになったことと，退職後に若年者を受け入れるデイサービスが充
実したことで，男性の若年者の居場所はそれなりに確保されつつあ
ることも背景にある． "仕事の場" は必要があれば再開すればよいの
だが，新たに，若年認知症の人が男性1名，女性4名が通院しはじ
めたが，最軽度期といえるこの人たちの居場所がなかった．そこで，
駅ビルの1階に部屋を借りて，若年認知症の人を中心にして，少人
数でも社会と繋がれる場所を作った．以前に行っていた内職受注作業
にとどまらずに，そこでは，デイサービスの参加者が描いた絵を加工
して，かわいい顔スタンプのエコバックやポチ袋を作成し，ネット販
売したり，風船釣りや駄菓子を置いて，子育て中の近所のお母さん
が集まれる "地蔵盆" の場所を提供している．

　若年者の参加ではあるが， "仕事の場" と違うのは，デイサービス
の高齢者や若年者の家族も出入りしていて，若年者とか高齢者とか
を分けることなく，認認知症の人たちの「なにか」が，社会へ発信
されるという仕組みを目指している．20年前にスタッフと研修に訪
れたデンマークの，認知症の人が病気をもたない人と同じように自

社会参加の場所"Hej（ハイ）"ー居場所は進化するー

居場所"Hej（ハイ）"

フードバンクへの協力

作品販売

夏祭り：地域の子供との交流：

フードバンクへの協力

図 2-7．社会参加の場所 "Hej（ハイ）"

```
┌─────────────────────────────────────────────────┐
│           2004 年の参加者から（もの忘れカフェで）           │
│            「いま，本当にハッとしている」               │
│  仕事がうまくいかないのも，物事を忘れていて家族と行き違いがあるのも，  │
│             みんな」自分が悪い，怠けていると思っていた.        │
│   でも，病気のせいだと聞かされて，いま，本当にホッとしている.     │
├─────────────────────────────────────────────────┤
│           2014 年の参加者から（仕事の場で）             │
│        「あんたたちが楽になろうったってあかんで」          │
│  間違ってることをなにもいってくれへんのは，どうでもいいと思ってるから  │
│  とちがうか．指摘されて腹を立てるのも事実やけれど，間違いをそのままに  │
│       しておかれると，なにが正しいのかがわからなくなる.       │
│   僕らが傷つくから？  いわへんって？  そんなことをいって，あんたたちが  │
│             楽になろうったってあかんで              │
│  ┌───────────────────────────────────────────┐  │
│  │ ストレートな言葉の数々，10 年間の時間差があったとしても変わらない. │  │
│  └───────────────────────────────────────────┘  │
└─────────────────────────────────────────────────┘
```

図2-8．病気の受容に向けて

由に暮らせるようにという，"ノーマライゼーション"の社会に少し
でも近づけるように，"居場所"は広がり進化する.

12）本人が病気を語る

　2004 年の「もの忘れカフェ」へ参加した若年者も，2014 年の「仕
事の場」への参加した人も，認知症の症状について語っているが，間違
いを間違いと指摘してくれないのは，"支援者が楽になろうとしている
のではないか"という言葉は，本人が病気の厳しさに傷つきながらも，
それを指摘してもらえない辛さを訴えている言葉である (図2-8).

もの忘れカフェという名の
デイサービス

自主的な活動で仲間作り，社会参加を
目指す

1．若年認知症者への精神科デイケア

1999年のクリニック開設直後は，老人保健法のデイサービスの対象にならず，診断後に仲間とともに過ごす居場所がなかった50～60歳の滋賀県内外の若年認知症の人のために，毎週水曜日に若年認知症精神科デイケアを開設した．1999年4月～2000年7月までに参加したのは23名で，滋賀県内12名，滋賀県外11名であった．スタッフには，若年認知症の人との関わりは初めての経験であったために，開始後しばらくは，それぞれの家族の人たちにも同席してもらいながら，家族の関わり方を参考にしながら，個別の関わり方を工夫していった．

このときの参加者は，MMSE10点未満2名，11点から20点15名，21点以上6名と重症度は幅広かったが，1日約10数名の参加者に，スタッフを多めに配置して対応したところ，約1か月後には，家族の関わりなしに1日を過ごすことができるようになった．

個別の症例では，40歳代発症男性は，身体を動かすことが好きで，卓球や広い公園の芝生の上でスタッフと走り回るという，エネルギーの発散ができる関わりが大切であった．管理職をしていた50歳代発症男性は，病気について曖昧な答えやごまかしを口にすると何時間も怒ってしまった．真正面から正直に向き合うことが大切なケアだ

と知らせてくれた例である．空間失認の目立つ50歳代発症男性は，笑い声やテレビの音でも，雑音となってしまうことがあり，環境が大切な関わりの重要性を教えてくれた．また，50歳代の女性は，左半側空間無視があり，左側からアプローチすると怖がって大声を出した．別の進行期の50歳代の若年認知症の女性は，興奮がひどいときに，便秘から尿閉を併発していることが見つかり，身体疾患への気づきの重要性を教えてくれた．

　そして，付き添った介護家族には，「家族の部屋」を用意し，お互いに話し合ったり，自由に過ごせるように配慮した．介護者は，妻11名，夫8名，娘2名，嫁1名であったが，「どのような通所サービスがよいか？」という問いには，

　　①居住地から少し離れた場所7名，居住地の近く4名，

　　②医療機関と併設希望10名，併設でなくてよい3名，

　　③年齢が近いもの同士7名，高齢者との混合でもよい6名，
であった．

　このアンケートは20年ほど前のアンケートではあるが，片道2時間以上もかけての参加や前泊しての参加などであったが，1週も欠かさず1年以上も参加し続けていた参加者は，通所の受け皿は，場所や若年専用であることには必ずしもこだわっていなかった．介護保険制度のデイサービスへ移行する約2年間弱の精神科デイケアは，その後の若年認知症者への取り組みの方向性を教えてくれるものとなった．本人と家族たちは，「年齢が若い」という特徴はあるけれど，それ以外は特別なことではなく，年齢だけにとらわれない，本人の気持ちと病気の特徴への配慮という両方の視点をもってほしいと伝えてきた．

　このときの取り組みから見えてきた課題は，自分から動かず，待っているだけの利用者にさせてしまっているのは，スタッフの私たちだと気づいた．そこで，"してあげる"だけのケアはやめること，"聞く"

前にこちらで決めないこと，"言葉や動きを待つ"こと，私たちがしなければいけないことは，手がかりときっかけを作ることで，利用する人ではなく，共に作り上げ，"参加する人"になってもらうことであった．

　この当時，平行して行っていた高齢者を中心とした老人デイサービスでは，あらかじめ決めていたプログラムを，当日に参加者といっしょに決める方針に変えていった．

２．プログラムのないデイサービス（1999年から）

１）"本人にきく"ということ

　精神科デイケアと同時期に，県内外から集まった軽度認知症の人たちとともに"本人にきく"ということへの取り組みを開始した．当時は，同じ境遇の人と出会う機会が少なく，もっとも求められたのは"出会える居場所"だった．その居場所ができ，活動は始まったのだが，しばらくすると，自らは動かず，待っていることが多い利用者の姿に立ち止まることとなった．

　それは，私たちが一方的に，してあげることばかりを考えていたという現れだった．その姿に気づき，活動プログラムはだれが決めているのか，どうして利用者とよび，主体的な参加者にはならないのかという議論からはじめ，スタッフが決めた活動プログラムをなくし，いまでは当たり前のようにいわれている"本人にきく"ということへの取り組みから始めた．動き回る業務にスタッフが逃げ出さず，手がかりときっかけ作りのために，環境作りを行い，座って話しを聞き，呼び名も利用者から参加者へと変えた．およそ１年をかけ，少しずつ参加者自らが望むことを発言したり，動き回ったりするようになり，受け身の利用者ではなく，自ら主体的に動く参加者へと変化した．

2）本人との向き合い方の土台

　このころは，認知症のことや症状について本人と話すことは少なく，只々，辛いであろう，不安であろうと，本人の気持ちを思い計ることだけに必死で，具体的なケアにつながりにくい寄り添うという働き掛けだけが大切だと思っていた．間違ったこともほとんど修正せず，それが本人を受容することと思い，安心させているとも思っていた．しかしそれが，決められたプログラムをなくす取り組みを始めたころから，本人たちは，正しいことを知りたがり，決して諦めていないのだと語り出した．

　たとえば，ある人は，「物がどこに置いてあるのかわかるように戸棚などに明記してほしい」といい，その理由を尋ねると「スタッフに聞かなくても自分で取りに行けるから」と答えた．また，ある人は，「診断されてから，決め事をするときに意見を求められることはなくなったよ」と話し，「そうすると考えることもしなくなっていたけれど，いまは，今日はなにをする？　と聞かれるので考えなくてはと思うようになった」と話した．この，利用する人ではなく，共に考え，作り上げる参加者へと変化したことが，後に続く「もの忘れカフェ」や「仕事の場」においての本人との向き合い方の土台になったといえる．

3．もの忘れカフェ（2004年〜現在）

1）診断を受け止めよう

　2004年には，受診の早期化に伴い，さらに発症初期の若年，軽度認知症の参加者が増えたことで，別の居場所を作らなければならなくなったことや，また，そのことにより支援の空白の時が生まれるという課題が出てきた．そこで仕事ではない社会参加の仕方を探し，地域のなかへ本人たちから溶け込むことができる活動を探し始めた（図2-9, 2-10）．

参加者が活発に話し合い，元気に活動していたのですが…

受診の早期化に伴い，発症初期の若年，軽度認知症患者さんが多くなり，「居心地がよい」「自分たちで活動を決める」デイサービスへの参加を誘っても，参加につながらない

当時の本人の言葉
なにもできない訳じゃない／だれでもなる可能性はある，悪いことでもない，まだまだできる／あきらめていない／伝えたいことがある
病気になって仲間に会えた／社会とつながっていたい
同じ病気で苦しんでいる人に，自分の存在を伝えてほしい

そうして，できるだけ自主的な活動を行いながら，仲間作りや社会参加を目指す，新しいデイサービスユニット

「もの忘れカフェ」スタート

図 2-9.　もの忘れカフェを始めた理由（2004 年〜）

2004 年 9 月〜
2006 年 6 月

・「もの忘れカフェ」第 1 期でのケアの展開
できる限り自主的な活動を行いながら，仲間作りや社会参加を目指す

2006 年 1 月〜
2007 年 7 月

・「もの忘れカフェ」第 2 期でのケアの展開
症状に伴ってその人たちの自主活動をどのように支えるか？
でき難くなってきたことを受け入れながらも，もう少し頑張りたいという本人たちといっしょに考えたこと

2007 年 7 月〜
現在

・「もの忘れカフェ」第 3 期でのケアの展開
軽度・中等度・重度認知症＆若年・高齢者認知症患者の合流の試み＆新しい課題への取り組み

図 2-10.　もの忘れカフェの経緯

そのころの参加者たちは，診断がついたことを受け止め，その治療の場としてもの忘れカフェに参加しているという自覚を持ち，「もの忘れを何とかよくしたい，忘れるので完全でないことはわかっているが，世の中の役に立つことはしたい，人の役に立ちたいと思う」など，さまざまな言葉を語るようになっていた．それと並行して，自らがボランテイア活動を探し，古切手回収，ボトルキャップやプルトップ集め，清掃や雑巾配布活動なども始まった（図2-11）.

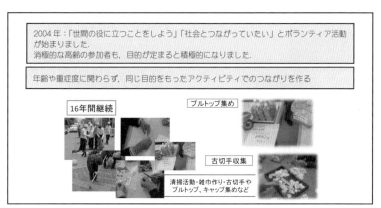

図 2-11.　社会活動参加

　これらの活動で，参加者が取り戻したことは多く，たとえば，駅前清掃をしていると，「ご苦労さま．ありがとうね」と久しぶりに声を掛けられた，いつから，ありがとうといわれていなかっただろう…というつぶやきが聞こえたり，古紙回収のために，同じビル内のオフィスを訪ね，そこでの世間話を楽しむなどさまざまだった．そしてさらに，それらの収益を，寄付金として納め，琵琶湖保全に役立てられるなど，だれかに支えられているだけではなく，社会の中で役立つ活動となっていた．認知症に関する啓発活動は本人たちがこのように活動している姿を，地域に伝えることがもっとも大切だと気づかされたのもこのごろだった．
（事例）
50 歳代の男性は，突然仕事を辞めたが，その理由を奥さんにも話さず，抑うつ的になり，自分の部屋にこもったままであった．家族が理由を尋ねると，怒って物を投げたり，暴言を吐いた．その後，当院受診となり，アルツハイマー型認知症と診断し，本人に病名を告げた．告知後，男性は「先生，本当のことを教えてくれて，ありが

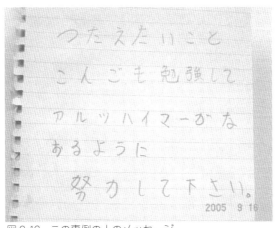

図2-12.　この事例の人のメッセージ

とうございました．正直ほっとしました」「何度も同じことをいった
り，物を置いた場所を忘れたりするのは病気のせいで，私が悪いわ
けではないのですね」と語り，いつも肩にかけているショルダーバ
ックの中から印刷した紙の束を取り出した．そこには，いくつもの
ネット上のサイトにアクセスして自己診断した病名"アルツハイマ
ー型認知症"が書いてあった．そして，「認知症になったことは諦め
るが，これからの人生は諦めない」と話した（図2-12）.

2）「もの忘れカフェ」の決まり事

「もの忘れカフェ」には，

①活動内容は参加者が話し合って決める，

②活動内容が決まれば，活動達成のために必要な役割や準備，時
　間配分や手順などを決める，

③参加者同士で協力していくつかのことに同時に取り組む，

という開始時の参加者との3つの決まり事がある．さらに，活動内

容の記録の仕方として，ホワイトボードに話し合いの過程を記入することや，1日の活動を個人ノートにも記入し，活動の終了時には思い出す時間をもつ振り返りをするなど，覚えるための工夫や忘れたときの手がかり作りなど，本人たちが日常でも意識して行えるような内容も位置づけられた (図2-13).

　また，これらの活動は，決して，決まり事のように行うのではなく，毎回話し合い，その時々の参加者が決めていくという原則を守りながら，先輩参加者が，目的や始まったエピソードを後から来た参加者へと伝えて今日まできた．時間や人が変わっても，社会とのつながりを求め，社会の一員だと実感できる活動を求めることは変わらない．

　そして，「もの忘れカフェ」での活動を非薬物治療として捉え，エピソード記憶障害，実行機能障害，注意分割機能障害などの，認知機能障害の存在に配慮していることと，さらに，利用するという第三者的な方向から語るのではなく，本人からみて，自分の可能性を広げるための場所へ行く，自分が新たな人と出会う場所へ行くとい

【制作活動】【知的活動】【身体活動】【社会参加】【話し合い】

もの忘れカフェの約束事
【活動内容の決め方】
・活動内容は当日参加者が話し合って決める
・活動内容が決まれば，活動達成のために必要な役割や準備，時間配分や手順などを決める
・参加者同士で協力していくつかのことに同時に取り組む
　　　　　（実行機能障害へのケア）

【活動内容の記録の仕方】
・書いて残す→活動の振り返りを行う
・1日の活動を個人ノートにも記入する
・写真，ビデオなどを多く残す
　　　　（エピソード記憶障害へのケア）

話し合い　伝えたいことについて

世の中に伝えたいことはある．でも自分でいわなくちゃ伝わらないとは思っていない．それに，僕たちの気持ちをわかってくれているのは自分（スタッフ）やろ？わかっているのなら，（スタッフ）正確に伝えるべき．その伝え方が僕の気持ちとズレがあるのなら，まだまだわかってもらえてないということになるなぁ〜と笑っていった．
　「仕事でしょうが．伝える役割は自分らにあるんや．専門家でしょうが…それでお金もらってるんやろ？」とまた笑う．

図 2-13.　参加者が決めた具体的な活動

う主体的な考え方を基に，支援する側，される側の区別をなくして，実践を続けた．この過程を振り返ると，年齢や重症度に関わらず，若い人から高齢者まで，軽度から高度までのすべての病期の人を意識した取り組みとなっていた．

3）できなくなったことを受け入れる覚悟

　当初は，参加者同士で当日の活動が決められ，思い出すこともできていたが，1年半を過ぎたころから徐々に難しくなり，症状進行という現実に向き合うことになる．それは，できなくなってきたことを受けて，どうするかを話し合うことだった（図2-14）．

　活動内容が決められないことについて，「当日にすべてを決めることが難しくなった」「朝，動き出すときに，なにか決まり事があれば動きやすいと思う」「決めにくくなってきているけれど，与えられたことをするのはいやだ」といい，思い出せないことが増えたことについても「思い出しにくいが，思い出すことをやめたいとは思っていない」「それをやめたら，何のためにここへ来ているのかがわからなくなる」「毎日同じことをすれば覚えやすい」「やろうとすることが途切れるので，つなげる言葉がほしい」などと，支援へのヒントも与えてくれた．そして，できなくなったことを受け入れて，できることへと変えていく動きが始まった（図2-15）．

　まず，行動へ移るときの動機づけの工夫として，環境作りと習慣作りの2つを考えた．環境作りは，自主活動を少しでも継続するために，活動記録や写真，継続している活動や，月間予定，自分たちがここへ来ている目的など，参加者との話し合いで必要と決まったものすべてを壁面に張り出した．思い出すことが難しくなったことに対して，記憶補助を行うメモリーエイドを用意したのである．これで，少なくともかつて自らが選んだ活動を視覚的にとらえ，記憶

活動内容が決められない
　当日にすべてを決める事が難しくなった．まだ自分たちで活動内容を決めたい．
活動内容の振り返りで思い出せない
　思い出しにくいが，思い出すことをやめたいとは思っていない．
活動内容の記録が掛けない
　書きにくくなってきたが，いまはまだ書き続ける．

活動記録や写真継続している活動や月間予定など決まったものすべてを壁面に貼り，環境作りをした．記憶の補助具（メモリーエイド）を用意した．

参加者と行動の動機付けとなることを話し合い，バラバラに存在した健康管理のためのことを一連の動きにした．それを毎回続けることで，活動のきっかけとなる習慣作りができた．

図2-14．病状進行に伴っての話し合いと工夫

準備の部屋
場所を覚える
習慣にする
物品を探す
役割作り

小部屋
活動のヒントを得る
できるだけ自分で決める
手がかりときっかけ

展示室
最後までする
活動の自己評価
社会へのアピール

テーブル環境
関心がもてる
興味がわく
意欲が出る

図2-15．できなくなったことを受け入れて／できることへと変えるケア

を想起することに取り組んだ．

　次に，習慣作りとして，健康チェックの自己管理を決めた．血圧や体温測定のために室内を動き，決められた表にそれぞれが記録する．単純な動きだが，毎回続けることで習慣となり，ぼんやりして

いる朝の動きづらさを優しく解きほぐし，活動前の準備が整えられた．
　さらにこれら2つの取り組みは，参加者自身が，読みに行く，測定をする，と受け身ではなく，自ら動くことで「自分でできる」という実感が得られる重要なポイントも守られた．
　ここで，症状進行に伴って，できなくなったことを受け入れる本人との2つのエピソードを紹介したい．
　2004年の参加者の1人が，あるとき「悪くなっていると思う？」と尋ねにきた．一瞬躊躇はしたものの，「できないことが増えたね」とこたえたら，「やっぱり，僕の自覚は正しかったな」と笑ってその場を立ち去った．そして数日後に，「あのとき，あんたが「悪くなっていない」といったら，僕はあんたのことを信用しなくなったな」と伝えにきた．
　2014年の参加者が，「間違ってることをなにもいってくれないのは，どうでもいいと思ってるからとちがうか」と話し出した．どうしてそう思うのかと尋ねると，「間違いをそのままにしておかれると，なにが正しいのかがわからなくなる．僕らが傷つくからいわないとは理由にはならない．そんなことをいって，あんたたち（スタッフ）が楽になろうっったってあかん」と笑った．この2つのエピソードは，たとえ症状が進行したとしても，できなくなったことを受け入れる覚悟はできているという強いメッセージだと捉えることができ，曖昧に向き合ってはいけないと再確認させた．

　4）もの忘れカフェの環境変化：2007年から現在まで
　2007年，それまで3部屋に分かれて活動していたものを大きな部屋の中に3つのグループが共存するという環境の変化を試み，更なる集団の力の活用を考えた．自分の所属するグループ活動に参加しながらも，周囲の動きを感じることができ，そちらへ興味や関心をもつことは，いくつかのことを同時にキャッチするリハビリ的な刺激となるであ

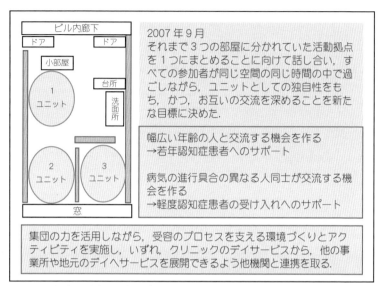

図 2-16.　軽度〜重度＆若年〜高齢者までの合流の試み

ろうという予測と，さまざまな病期の参加者がいるなかでの活動は，
少し病状が先を行く人をみて，時間をかけながら病気の進行を受け入
れられるようになるなど，受容のプロセスに必要だと考えた (図2-16).
　そして現在も，参加者は 10 数年の経過のなかで入れ替わりはあ
るものの，原則となる活動方針は先を行く参加者から次の参加者へ
と受け継がれ，活動内容も参加者が話し合って決め，そのために必
要な準備，時間配分や手順などの確認を参加者同士で分担して取り
組むという，当初からの動きを継続している.
　「顔を見ないと思ったら，あんなとこで笑ってはるわ. それを見
て安心したわ. できないことが増えても，ちゃんと次があるからと思
っていたら安心やわ. どうなるんやろうと思っていたけど行く道と場
所はあるんやね」と話すのは，前述した記す仕事の場の参加者である.

４．もの忘れカフェについての考察：向き合う覚悟と工夫

　診断名を本人に告げることは大変重要なことであるが，それと同様に大切なことは，診断後の病状の進行を見極め，正しく，いまの病状を伝え続けることである．本人たちは，診断直後の病気を受け入れるだけではなく，その後の病気の進行も正しく受け入れていかなければ，どこかで自覚に揺らぎが生まれ，迷ってしまうことになる．病状の変化を言葉で伝え確認することだけではなく，病期の違う者が集うもの忘れカフェ参加中に「病状が進行しても何とかなる」と確認できることは，できなくなったことを受け入れていく過程として重要であった．本人たちが自分で決めることを望んだ時代から，病状の進行に伴い，「自分で決められないこともある」といえるようになる，より広い受容のプロセスを共にするためには，そこに向き合う支援者の覚悟と工夫が時の流れとともに求められてきた．もの忘れカフェでの活動は，見極めを行い，区切りをつけ，バトンをつなぐことで，より，本人に合った場所や過ごし方を考え工夫する取り組みでもあったが，これらが後に求められる，更なる受診の早期化による空白の期間への支援に必要な，多くのヒントを与えてくれた．

５．コロナの時代の「もの忘れカフェ」：活動の原則は変わらない

　コロナの時代に，いわゆる３密を避けるために，デイルームの机の並びをスクール形式にした．３グループのそれぞれの最前列にスタッフが立って，今日することを話題にし，活動を始めるが，この形式は一見してやりやすかった．活動は前もって話し合って決めているので，それに従って活動をすれば，参加者の自主的な活動のよ

うに思えるし，前に立つスタッフがやりやすくみえるのは，教師のように活動を仕切ってしまう雰囲気があるからのようである．アクリル板で仕切られているので，なおさら，視線が周りを見ないし，残念ながら心がうち（自分）を向く．

　まるで，2004年のもの忘れカフェ開始前の活動のようにみえたリーダーはコロナの時代の自主活動の工夫を考えた．まずその日の"キーワード"を考え，それを1文字ずつ分解し，紙に書き写し，広い壁のそこここに，張るようにした．広い壁にある多くの掲示物のなかから，約10枚のキーワードの文字を探し出すのである．"ウオーリーをさがせ"の絵本のように，その日の文字の色"ピンクの文字だよ！"で，ピンクの文字を手分けして探して，みんなで集め，キーワードの文字から，キーワードの言葉を組み立てる取り組みである．

　"探す，見つける，集める，考える，言葉を組み立てる""3密にならず，自分たちで動いて，自分たちで考える"というプロセスが大事で，出来上がった言葉（キーワード）よりも，"動いた"ということが大事なのである．以前，それぞれがバラバラに絵を描いて，みんなで物語を作った"ぺぺの散歩"は，これも"奇妙な話"を考えることが楽しかった．私たちは参加者の自主的活動を邪魔しませんという，活動方針を忘れないことである．

6.「心理教育」「交流会」「仕事の場」「もの忘れカフェ」
　　の意義：存在不安をなくす

　認知症の人の生きづらさの本質的な問題について，故室伏君士先生は,「認知症老人がそれまで生きる頼りの拠り所にしていた知的能力や生活史を失い（健忘），人間関係も失うことによって，生きる不

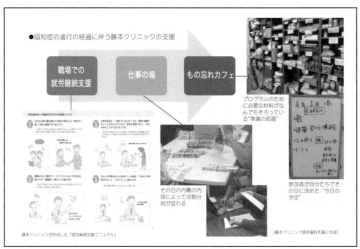

図 2-17. 認知症の進行の経過に伴う藤本クリニックの支援

安（存在不安）が起こること」が問題だと指摘している.

　この"存在不安"は，家や施設で自分が安心していられる"身体とこころの居場所"があるか，社会のなかで"自分の役割"があるか，"暮らしづらさ""生きづらさ"を分かり合える仲間がいるか，"暮らしづらさ""生きづらさ"を適切に支えてくれる"自分のことをわかってくれる援助者"はいるか，さらに，私は生きていてもよいのか，"生きている価値があるのか？"という，人間の根元的な不安である.

　「仕事の場」や「もの忘れカフェ」をはじめ，クリニックの外来とデイサービスで認知症の人や家族に対して行っているさまざまな活動，多職種・地域連携の取り組みにおける"支援の目標"は，本人の声から聞き取った彼らの"存在不安"への支援を考えることである（図 2-17）.

IV 家族支援について

1. 家族支援の始まり

　家族支援のことを考えるとき，思い浮かべるいくつかの事例がある．2000年，遠く岡山県や兵庫県などから，クリニックの若年認知症精神科デイケアに通ってきた十数人の人たちは，早朝に自宅を出てJRを乗り継いで，何時間もかけて毎週やってきた．20年前，十数名の若年認知症の人に対する関わり方の"手本"はなかったので，ともかく本人の話を聞き続けることを徹底し，付き添った家族から本人の性格や生活に関わることを教えてもらった．はじめは心配そうにスタッフたちの動きをみていた家族も，1〜2か月経ったころには，「皆さんにお任せしてよいですか？」と，現場から離れていった．活動中は遠方の自宅に帰るわけにいかないので，クリニックのビル内の空き店舗を借りて，"家族の部屋"を用意したが，自然に家族同士の話し合いが始まった．若年認知症デイケアも若年認知症家族会も，いわゆる"枠組み"だけは用意したが，その後は，当事者の人たちの主体的な活動をサポートすることに徹した．
　そのなかの1人は，若年発症の奥さんを車に乗せて片道2時間をかけて週5回デイケアに通ってこられた．長年，行政の要職にあり，妻の病気に気づいてやれなかったと，外来のたびに悔やんでおられた．あるとき，クリニックに到着した途端，ご主人が蒼白な顔をし

て倒れ込んでしまったので，近くの県立病院へ搬送したところ，胃
潰瘍からの出血で緊急入院になった．ご主人以外，介護する人がい
ないので，緊急に地元の特養にショートステイを手配したが，ほか
に親族もおらず，デイケアの終了後，看護師2人で，交代で運転し
て送り届けてくれた．
　夜遅く，帰宅の運転の途中で筆者に電話があり顛末の報告を受け
たが，近道をしようと山の中に迷い込んだらしく，"あっ！鹿が横切
った"という叫び声を覚えている．
　クリニック開設当時に出会うことになった"壮絶"ともいえる家
族の介護を数多く経験して，本人支援と変わらず，家族支援にも限
界は作れないとスタッフと思い定めた．特養への搬送は，緊急対応
であったが，"必要とされることで，できることはなんでもやろう！"
というのが，クリニックの基本方針となった．制度でできることだ
けに止まっていては，支援は十分に届かない．たとえば，時間制限
なしの相談電話や毎日ファックス通信のように．

2．相談電話から考える家族支援

　滋賀県から委託された相談センターである"もの忘れサポートセ
ンターしが"での相談内容では，多い順に"対応方法""家族サポート"
"受診方法""介護サービス"であった．"対応方法"は，生活上の困り
事への具体的な対処方法を紹介していくことが必要であった（図2-18）．
　"家族サポート"は，当事者からの依頼だけでなく，専門職からの
相談も多いが，家族が抱える介護以外の問題や家族間の問題や地域
での問題も含まれるため，行政も交えての相談になることが多い．
　"受診方法"の相談は，徐々に減少しているが，受診へ敷居を低く
してきたことの効果と考える．"介護サービス"は，介護保険の手続

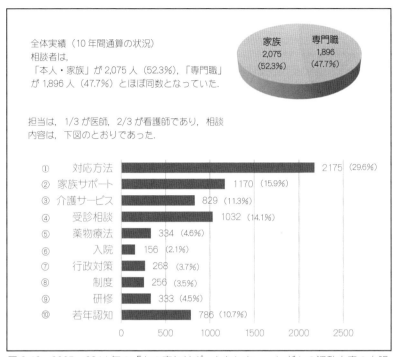

全体実績（10年間通算の状況）
相談者は,
「本人・家族」が 2,075 人（52.3％），「専門職」
が 1,896 人（47.7％）とほぼ同数となっていた.

担当は，1/3 が医師，2/3 が看護師であり，相談
内容は，下図のとおりであった.

家族 2,075 (52.3%)	専門職 1,896 (47.7%)		

① 対応方法　2175 （29.6％）
② 家族サポート　1170 （15.9％）
③ 介護サービス　829 （11.3％）
④ 受診相談　1032 （14.1％）
⑤ 薬物療法　334 （4.6％）
⑥ 入院　156 （2.1％）
⑦ 行政対策　268 （3.7％）
⑧ 制度　256 （3.5％）
⑨ 研修　333 （4.5％）
⑩ 若年認知　786 （10.7％）

図 2-18.　2005〜2014 年の「もの忘れサポートセンター・しが」の活動内容の内訳

きやサービスの内容に関してで，サービス利用の当事者にならないと
必要性を感じないので，必要時，情報提供をする.

3．受診の敷居を低くする

　まず，受診の敷居を低くすることだが，受診の前の予約の相談電
話でのやり取りは，家族支援の始まりになる. また，前述した本人
問診票も，家族と本人が症状についての評価を共有でき，症状につ
いて隠さず話題にできるので家族の負担を軽減する（図 2-19）.

---

1. 予約時の家族支援
　受診に拒否的な患者の受信方法，症状への対応などをていねい
　に答える．状況に応じて，緊急受診の手配，地域包括支援セン
　ターへ連絡，介護保険サービスの緊急利用へつなげる．**家族支**
　援は予約時から始まっている.
2. 初診時の家族支援
　診断までの検査の手順と，診断後に治療と支援体制が始まるこ
　とを伝え，受診につないでくれたことをねぎらう．BPSD への対
　応方法は，その背景にある認知機能障害とそれへの対応を説明
　する．**診断までの間でも，常時，相談は可能と伝える.**
3. 診断と告知
　家族に検査結果と診断名を伝えて，薬物療法・非薬物療法の説明
　とクリニックの支援体制，必要に応じて，介護保険申請の窓口の
　紹介を行う．**いつでも相談できることを伝え，連絡用の携帯番号**
　を教える.

図 2-19.　外来時の家族支援

4.　診断後の薬物治療の効果を可視化する

　前述したように，薬物治療の効果を可視化することで，薬物治療
についての過度の期待感や正確でないネガティブ評価を払拭できる.

5.　対応方法について

　介護家族のストレスは，それぞれの時期に応じた対応方法がわか
らないために起こることも多く，さまざまな方法で情報提供を行っ
ている．軽度期から中等度期までの間，介護者がストレスに感じて
いる主なことは，記憶についての"不可思議"なこと，すなわち直
前のこと（短期記憶）を忘れるのに，遠く昔のこと（遠隔記憶）を
覚えていたり，大工仕事ができたり（手続き記憶）することはであ

・いまのこと（新しいこと）が覚えられないのはなぜか？
・昔のことを思い出すことや体で覚えたことなどはできるのはなぜか？

⇩

・話し方のスピードは考えていますか？
・一気に多くのことを伝えようとしていませんか？
　「〇〇さん，お食事前だからトイレに行って，そのあとおみそ汁
　をついでもらえますか？　準備ができたらみんなでいっしょに食
　べましょう」
・読んで理解できる工夫はありますか？
・視覚を活用する関わりはありますか？

図 2-20.　軽度期の対応の一例

る. これらは, 何度説明を聞いても一時的な理解しかできないため,
繰り返して伝える必要がある（図 2-20）.
　また，高度期になると，視空間認知障害や失行どによる生活障害
が目立つようになるため，それに対する生活の工夫が必要となる.
　（事例）
　高度期になって近医に紹介したが，１年ぶりに摂食障害について
の相談にやってきた．食事を取らないため，胃瘻にするかどうかの
選択に迫られているとのことであった．食事の様子では，おかずは
それなりに食べるが, 白い飯は食べようとしないとのことであった.
念のため，ご飯の上に色の鮮やかなふりかけをかけてもらうと，ご
飯を認識して，よく食べるようになった．クリニックのデイサービ
スで何度も経験した,“白い内塗りの茶碗に白いご飯を入れるとご飯
が認識できない”という現象を解決するために試みたケアの方法で
あった（図 2-21）．また，ある人は，狭い部屋に入ると壁が襲ってく
ると怖がっていたが，距離感覚がおかしくなっている視空間認知障

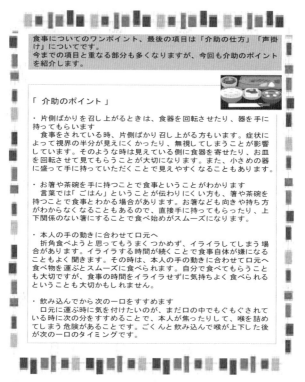

食事についてのワンポイント、最後の項目は「介助の仕方」「声掛け」についてです。
今までの項目と重なる部分も多くなりますが、今回も介助のポイントを紹介します。

「 介助のポイント 」

・片側ばかりを召し上がるときは、食器を回転させたり、器を手に持ってもらいます
　食事をされている時、片側ばかり召し上がる方もいます。症状によって視界の半分が見えにくかったり、無視してしまうことが影響しています。そのような時は見えている側に食器を寄せたり、お皿を回転させて見てもらうことが大切になります。また、小さめの器に盛って手に持っていただくことで見えやすくなることもあります。

・お箸や茶碗を手に持つことで食事ということがわかります
　言葉では「ごはん」ということが伝わりにくい方も、箸や茶碗を持つことで食事とわかる場合があります。お箸なども向きや持ち方がわからなくなることもあるので、直接手に持ってもらったり、上下関係のない箸にすることで食べ始めがスムーズになります。

・本人の手の動きに合わせて口元へ
　折角食べようと思ってもうまくつかめず、イライラしてしまう場合があります。イライラする時間が続くことで食事自体が嫌になることもよく聞きます。その時は、本人の手の動きに合わせて口元へ食べ物を運ぶとスムーズに食べられます。自分で食べてもらうことも大切ですが、食事の時間をイライラせずに気持ちよく食べられるということも大切かもしれません。

・飲み込んでから次の一口をすすめます
　口元に運ぶ時に気を付けたいのが、まだ口の中でもぐもぐされている時に次の分をすすめることで、本人が焦ったりして、喉を詰めてしまう危険があることです。ごくんと飲み込んで喉が上下した後が次の一口のタイミングです。

図2-21．食事についてのワンポイント

害からくる訴えであった．壁から少し距離を取ると，落ち着くようになった．認知症ケアに習熟していることは，生活障害をある程度改善するが，場合によっては，生命予後に関わることもある．

6．軽度期から始まる"支援の可視化"と"ピアカウンセリング"ができる機会の提供を行う

　受診が軽度化すると，診断後の支援に空白が生まれることがある．そこで，軽度者であることを共通項に，年齢，対象者の属性に配慮

しながら，「本人家族外来心理教育」「本人家族交流会」「仕事の場」
「もの忘れカフェ」など，本人の希望を聞きながら，社会参加と，
仲間作りを目指した取り組みを行ってきた（図2-22）．

　発症初期の軽度期では，本人とともに，家族の心理的な負担は大
きく，個別あるいは集団の心理教育が重要で，場合によっては，本
人よりも家族のほうが，病気の受け入れは難しい．軽度期の本人と
ともに，家族の支援が重要であるが，ここでも，いわゆる"ピア（仲
間）"の関係が重要であり，これらの取り組みに参加後，家族同士で
つながりを作り，日常的に話し合いの機会をもつようになるようで
ある（図2-23，2-24）．

　自由に行動できる家族には，"出会いの機会"を提供できればよいと
考える．

図 2-22．クリニック全体の取り組み（非薬物療法）：1999～2019 年【図1-14を再掲】

参加者 1 グループ約 10 名／月 2 回，1 時間，3 か月 1 クール，平均 MMSE23 点～25 点

心理教育の目的　　　　1999 年から 2019 年，年間 3 グループ，延べ約 720 名を対象

本人：受診の早期化が進み，本人自身が正しく病状を知ろうとしている姿が多くなったため，自分自身に起きているさまざまな不具合（生活機能障害）の原因が何なのかを知り，その対処法について仲間と考えることができる．

家族：病気の理解を深めながら，本人がどのように病気を受け止めているのかを知り，同じ立場同士で話し合うことができる．

病状について，独自に作成した本人への説明文を活用しながら進めることで，需要に働きかけることが狙い

毎回を通じて行う主な内容
●目的の確認・参加の意思確認
●日付，時間の確認
●前回の振り返りと単元ごとの理解度の確認
●症状の説明文を声に出して読み，そのあとに話し合う
●家族にも記入されたプリントを見てもらい，理解を促す

開催日ごとに実施したアクティビティ
●各種プリント（計算，ことわざ，間違い探し，漢字等）
●作品作り（カレンダー作成，小物作成，メッセージカード，寄せ書き等）
●ゲーム（連想ゲーム，的あて計算ゲーム等）

図 2-23.　診断直後の空白を作らない「本人・家族心理教育」（図 1-15 再掲）

「本人・家族交流会」の開催概要

2 か月に 1 度の開催　奇数月土曜　13：30～15：30

・本人たちも年齢や病期の違いに関わらず，共に過ごし，語り合う場となり，初めての参加者は，本人・家族とも，この場の経験から介護認定を利用することを受け入れはじめた．

・更には，診断直後の参加を受け入れることで，本人家族を孤立させないために，診断直後の支援体制の 1 つとして重要だった．

	27年度	28年度	29年度	30年度
開催回数	6回	6回	6回	5回（台風で中止）
参加人数　本人	90名	99名	117名	91名
うち若年認知症者（発症年齢）	39名	40名	51名	38名
参加人数　家族	180名	193名	226名	193名
うち若年認知症者（発症年齢）	58名	59名	92名	74名

図 2-24.　"本人・家族交流会" の開催概要（図 1-16 再掲）

7．本人の思いを家族に伝える

　認知症の人に外来やデイサービスの時間にゆっくり話を聞くと，家族についての思いを語ることがある．まずのそのいくつかを紹介する．
（外来で）
　「（暴言を吐きながら，物を投げると緊急受診）（仕事の緊急電話で診察室か席を外した息子さんについて）せんせ，息子は私のことを，"ボケ，死ね"というけどね，（独り身で私の介護をしている）息子もしんどいんや，どうか許してやってな！」
　「家族が困っているんや．助けてやってや」
　「（妻を）叩いとったみたいや．すまんかったわ」
　「家族にはなかなかいえないけど，自分の収入がないから，お金の支援もしっかりとしてほしい」
（デイサービスで）
　「（奥さんは）花屋に寄って花を買うのや．（自分は）もったいないと思うが，花と喋るのがいいんだろう．（妻は）ほっとしたんやろ」
　「（昨日，妻を怒鳴ったと）奥さんには悪いことをした．これが病気なんやな．いかん，いかん」
　「夢を見るんやな．（目が覚めると）そこで，お父さんが怒っている」
　「母親が本当はいないんだけど，いると思ってしまう」
　「僕はね，パーキンソン氏病と認知症なんですよ．もう，だめなのだと思うのですよ．昨日はすみませんでしたね．暴力行為をしてしまいました．あなたたちはいいねえ．たくさん話してくれて，聴いてくれるねえ．僕はね，あっちの世界とこっちの世界を行ったり来たりしているんですよ．時々ね，人として，いけない行為をして迷惑をかけているのですよ．つらいねえ・・・」（レビー小体型認知症の人の言葉）

【コメント】

　認知症の医療や介護の現場では，認知症の人本人に思いを語って
もらうことが大切にされるようになってきた．よいことではあるが，
忘れてはならないのは，認知症のもう一方の当事者である介護家族
に対する，本人の感謝の気持ちを聞き取り，伝えることである．

　暴言を吐くということで，"鎮静"を求めて緊急受診をした高齢
の母の言葉を伝え聞いて，息子は号泣した．また，「本人家族心理
教育」6回シリーズの最終回で，介護者に対する気持ちを聞くと，
感謝のハガキを書こうとすることがあるが，結婚して初めてだと
介護者は喜ぶことが多い（図2-25）．

　認知症者への支援の議論の際に，本人と介護家族の求めるものが
異なり，支援する立場によって，支援への思いがどちらかに偏って
しまい，いつの間にかどちらかが何となく"悪者"にされてしまう．
やっとの思いで，受診に繋げてくれた家族，受診できていなくても，
毎日，本人と暮らしている家族，遠方にいて，介護できずに時々電話
を入れる家族，介護家族によい家族と悪い家族があるわけではない．

図2-25．介護者への感謝のメッセージ

8．デイサービスでの家族支援

　介護する家族にとって，生活のほとんどの時間か介護に費やされることも多く，限界まで頑張り過ぎることも少なくない．デイサービスにおける連絡ノートを中心とした家族とのやりとりも，情報提供と対処方法の示唆，スタッフとの交流という意味で，心理教育的なアプローチである．

　（事例）
・男性介護者から：言葉はもう全然ダメですね．TVを見て笑ったりしますが内容ではなく映像で感じてるように思います．そのため，家で映画などを見ると退屈して寝てしまったりします．
・返信：おっしゃるとおり，やり取りは雰囲気で楽しまれているご様子で，TVや映画などは前後がわかりにくく集中して見ることは難しいかもしれません．その分，周りの人の表情や感情には非常に敏感になられているように思っています．
＊ポイント：肯定をしながら，本人のできる部分にも気づいてもらえるよう伝える．
・家族からの返信：なるほど納得がいきます．家で笑う時の"絶妙の間"の取り方など，そのとおりだと思います．
・妄想対象になっている嫁から：「先日は，突然の欠席，失礼しました．当日の朝になって『今日はデイサービスいかへん．もう電話してあるから』と聞いて驚いたくらいです．『そういうてたやろ』とまでいわれたら，もうなにもいえません．」
・返信：すべてご自分で判断して行動してしまわれるのですね．毎日が本当に大変なことと思います．こちらは急な変更なども大丈夫ですのでお気になさらないでくださいね．
＊ポイント：症状の説明などはしない．家族の大変さだけを受け入れるコメントにする．

- 家族から返信（メールで）：家での状況をわかってもらえるだけでホッとします．「テレビに話しかけるようになりました．私は，聞き流しているのですが，どうしたらいいのか不安です．」
- スタッフの記入：テレビで映っている他者との区別がつかないという症状だと思います．こちらも様子をみさせていただきます．
- アドハイス後：テレビに向かって話しかけておられるのですね．テレビに映っている人物と，実在の人との区別がつきにくくなられているのかもしれません．いまのところ，聞き流してくださっていることでよいのではと思いますがご心配であればいつでもご連絡ください．
- ＊ポイント：「〜なのですね」と家族の書いたことをそのまま確認するように書き，受け入れる．具体的なアドバイスを伝え，いつでも相談できることを伝えてつなぐ．
- 家族より：症状なのですが．いまは，頻度も多くはないですし，聞き流して様子をみます．安心しました．
- 「コメント」：連絡ノートに書かれている内容は多岐にわたっていて，家族はいくつものことを発信していた．
- 診断まもない家族であれば，とにかく現状を知ってほしいという気持ちが強いことが多く，スタッフとの関係づくりが必要だった．
- 「大変ですね」と，聞くことに徹することから始めることは大切であった．
- 属性などによっての考え方の違いに気をつけることも必要だった．
- 本人のできたことばかりを伝えてしまうと，家庭での本人の様子と比較され「自分の関わり方か悪いから」「自分にはひどいことばかりいう」などと家族をつらくしてしまうことも多いことに気をつけながら，伝えないのではなく，書き方の工夫か必要であった．

9．電話・手紙・メールによる随時の"報告・連絡・相談"

　クリニックへの通院やデイサービス参加が中止となっても，何人かの家族とはつながりは続いており，電話，手紙，メールによる随時の"報告，連絡，相談"，本人家族交流会への参加などで求められれば，家族へのアドバイスは可能である．
　以下は，20年来のつながりのある人で，手紙，メールも同様で，いつでも近況報告ができることが，安心感につながっている例である．

●**いま，私は幸せです**：20数年前に発症，54歳から77歳までつながりは続いた．
　主人ですが，今年の3月から体調も落ち着いてすごしています．刻み食でも，変化があり，最近は桃やメロンを薄く切って形のままのほうが噛む喜びを味わっているみたいです．
　この猛暑が続くようになってから，食事に時間がかかるようになってきましたが，快食，快眠，快便といったところです．
　6月には息子に子どもが産まれておじいちゃんになりました．この12月には娘にも子どもが産まれます．1年に2人の孫と対面できるとは夢にも思っていませんでした．これまでに大勢の人たちにお世話になり，おじいちゃんとよばれる日を迎えることができました．
　皆さまに感謝の気持ちでいっぱいです．
　いろんなことがありましたが，いま，私は幸せです．

【コメント】
　県立病院から引き継いで，クリニックの外来に通院し，若年認知症者のために開設した"精神科デイケア"に他府県から通っていた．元営業職で，話をする機会があると，"経営者としての管

理職の役割”を教えてくれていた．当時，思春期の，息子さんと娘さんがいて，夜間のせん妄などのとき，夜間に相談電話がかかってきたり，地元に戻っても，肺炎などでの入院のときには，何度もアドバイスをしたことがある．その一方，2人のお子さんの結婚式やお孫さんの出産のときには，手紙と写真が送られてきた．そして，若年発症のアルツハイマー型認知症の経過としても，従来いわれているよりも長期間，在宅ですごすことができたのは，随時のアドバイスが役に立ったと，家族からの感謝の手紙がきた．

　先日（2020/11/6），これも，20年前，精神科デイケアに他府県から毎週1回こられていた若年認知症の男性の奥様から近況報告が数年ぶりにきた．この人は，クリニックの“本人家族交流会”に，ご主人が亡くなった後も，自分の“グリーフワーク”のためと，現役介護者への励ましのために，何度もきてくださっていた．自分も高齢になり守山まで行けなくなったと丁寧なあいさつだった．

　日常的な出会いが途切れても，“つながり”が消えないことで，家族支援として少しは役に立てたのかと思う．

10. FAXのやり取りによる心理教育

　2004年，クリニック開設5年目のことであった．60歳代の妻を数年間介護している夫は，数か所の病院を受診したが，それぞれの医師などの対応が受け入れられず，介護サービスを利用せず，自分1人で介護を続けていたが，あるときクリニックへ受診となった．夫は主治医と診察時に話す以外ほとんど周囲との交流がなく，介護に関する指導も受け入れる気持ちはなかった．そこで，診察前に看護師が面接を行って，現在の生活の様子，夫の介護負担，家族のことなどを

図 2-26.　看護師との FAX 通信

自由に話してもらった．すると，数回の面接の後に，「やっと話せる場所ができました．介護して初めて私は自分のことを話しました」「ここでは，しんどいといってもいいのですね」と話してくれた．そしていま，いちばん気がかりなことは，自分と奥さんの安否確認をしてくれる人がいないと訴えたため，看護師が毎日「FAX交換」をしてはと提案をした．翌日から，体調や対応，天気やその日にしたことなどのFAXが届くようになり，看護師は日曜日を除いて必ず返信していた（図2-26）．

1）家族支援の原点

　自分1人で介護をやり通すとして，数年間の介護の間，専門職からの支援を断り続けていた男性介護者であったが，クリニックに転院後，看護師からの度々の申し入れに，FAX での連絡となった．最初は，介護者の安否確認の目的のFAX 通信であったが，排泄，入浴，服薬など，介護上困っていることを順次訴えてきた．

　合計 250 枚を超える FAX で対応した看護師が配慮したことは，信頼関係を気づくことができるまで傾聴・共感に徹し，相手の介護方法を肯定的に評価することに心がけたことである．その後，「決まった位置に横になるのもできません」（身体定位障害）「服を脱がせるこ

とから，石けんで身体を洗うこと，寝間着に着せることまですべて
に介助が必要です」（失行）など，認知機能障害に基づいて起こって
いる生活障害に対して，症状に適したケア（根拠のあるケア）につい
て紹介するようにした.

　このような心理教育的なアプローチを続けることで，踏み出せな
かった介護サービスの利用が順を追って行えるようになった. また，
クリニックの家族交流会を通じて同じ立場の人たちと話す機会も得た.

　現在，この当時とは，医療の状況も異なっており，これほど支援を
拒むケースはないかもしれない. しかし，約1年にわたって，相手の心
理に添いながらのやり取りによって，介護者の気持ちをほぐしていっ
た"FAX通信"は，いまも，家族支援の原点であると思っている.

11. 虐待に気づく，虐待を防ぐ

1）事例1：男性介護者の介護

　75歳のアルツハイマー型認知症の妻を，80歳の高齢の夫が1人
で介護していた. 受診時，いつも並んで座っていたが，本人は，も
の忘れの自覚はあまりなく多幸的で，いつも，デイサービスが楽し
い事とともに，夫によく叱られることを大きな声で笑いながら話し
た. 一方，夫は介護に真剣に取り組んでおり，細々とした日常的な
出来事に対して，1つひとつアドバイスを求めてきた.

　通院3年目のある診察日, 来院時から夫婦の間で会話も交わさず，
また，席が空いているにも関わらず，夫婦が遠く離れて座っている
ことに看護師が気づいたため，待ち時間に夫と面接を行った.

● 介護者と看護師の面接

　介護破綻に気づいたのは，受付から待合室での夫婦の行動の変化

であった．会話のなさ，離れた席に座るなどは，いつもと違う行動
による“声なき声”の訴えであった．職人気質の夫で子どもたちに
頼ることにも踏み切れず，アルコールで紛らわすことが日常的にな
ってきた夫であった．妻に対する虐待になりかけたケースであった
が，夫の辛さや悩みを打ち明ける場所ということで，長い時間をか
けて話すようにした．加えて，再度，相談電話番号を知らせ，とに
かくこまめに連絡を取り合うように約束してもらった．

　やがて，夫も自分の持病のことや経済的に苦しいこと，子どもた
ちとの関係などを打ち明けるようになり，それを受けて，医師より
子どもたちに病状の説明を行い，夫への手助けを求めたり，ケアマ
ネジャーや在宅介護支援センターなどの関係機関に状況を逐一報告
し，多方面から支えていけるようにネットワークを組んだ．夫はケ
アマネジャーに対し，介護ストレスについての本音の気持ちは伝え切
れていなかった．

2）事例2：診断後の家族への指導がない

　70歳代女性．地域中核病院の専門医にアルツハイマー型認知症の
診断を受けたが，介護保険制度利用の指示もなく，投薬のみの通院
になっており，家族への心理教育もなかったため，疾患の理解もで
きてなかった．そのためネグレクトの状態にあり，症状が悪化した．

　3年後，日常生活のほとんどが要介助状態で当院を緊急受診とな
った．家族は「このままでは母を殺してしまいます．何とか保護し
てください」と訴えていた（MMSE 3点）．

　初診時，本人・家族に待合室で待機してもらい，すぐに地域包括
支援センターに連絡を取り来院してもらった．そして虐待例として，
その場で介護保険の申請をしてもらい，同時に介護者サポートも兼
ねて当院デイサービスの毎日利用を緊急に開始した．その後，幻覚

などに抗精神病薬の投与を行った.

　本例以外にも，虐待例として見つかる事例には，未診断ないし，診断後の診断後の本人・家族への支援が不十分であった事例が多い.

【コメント】

　男性介護者は，会社勤めの時期に家庭のことに協力できなかったなどの理由で，介護を一人で抱え込むことがあり，介護が限界に近づいても自分で気づくことができず，他の家族や近所の人に応援を求めることを避けようとする. 前述した，最初に往診と訪問看護を行った事例や，この章のはじめに紹介した遠方から週5回デイサービスに通ってきた事例，FAX 通信の事例などは，介護が破綻する直前で何とか介入できた事例である. 一見うまくいっているように見える事例は，介護破綻のサインを見逃さないようにしなければならない. 最初の事例は通院が困難になったことで,FAX 事例は二百数十通に及ぶ FAX のやりとりで，事例 1 は，受診時の本人と介護者の雰囲気の変化で, 虐待を防ぐことができた.

12. 社会とつながっている：現役の介護家族がボランティアを行う

　仕事の場について家族参加者募集のチラシを配布，参加希望者に説明を行った. まず，認知症の症状の理解をしてもらうために資料を使って説明，取り組みや仕事の内容について説明をして，手伝ってもらいたいことをはっきりと伝えた. すると，現役介護者が7名参加すると申し入れてくれたが，これは，予想外のことであった.

　そして，初めて家族がボランティアとして参加した日，参加者の横に座ってマジックテープの仕事を始めると，参加者がマジックテー

プの着き具合のチェックし,「これでいいでしょうか?」→「うん,感覚的なもんやし,ええと思ったらそれでええと思うよ」→「う～ん…,ほんまにこれで,ええんでしょうか?」→「そない気になるんやったら,そっち(不良品箱)にやっときいな」

　すっかり立場が逆転しながら,少しも違和感がない.家族参加者にとって,支援者として参加すること自体が気分転換にもなり,さまざまな人たちとの交流を通じて社会とのつながりを再確認できた.

　現役の介護家族族参加者にとっての仕事の場とは,"社会参加の場"であり,「ずっと家でいっしょにいると息が詰まって,自分のほうが変になりそうだから」「ここに来て皆さんとしゃべるのが楽しい.次もまた来ます」「いまさらコンビニのパートもできない.自分にできることが見つかった」と話した.

　また同時に,「参加したら自分のほうが癒されることが多いです.時々,参加者が認知症であることを忘れてしまうほどです.でも見ていたら,やはり,ここは手がいるなと気づくことがあるので,いま,少しずつ学んでいます」「認知症になってもできることはたくさんあるんやね」と"病気の理解ができる場"でもあった.そして,本人家族交流会には一切参加しない家族参加者が7名中2名おり,「かしこまって話すだけの場は苦手ですが,いっしょになにかをしながら日ごろの悩みが話せるので参加しています」と手を動かしながら介護の悩みを話している"ピアカウンセリングの場"でもあった.

【コメント】

　介護する家族は,当時者が何らかの認知症の診断を受けると,その瞬間から"介護者"とよばれるようになり,"個人"を失ってしまう.そんな介護者が,仕事の場でのボランティア活動で,社会とのつながりを取り戻した.

V 相談・人材育成
仲間を作る

1．相談活動

　クリニックを開設して，まず気づいたのは，相談電話の多さであった．受診した人たちだけではなく，受診した人に制限時間のない形で相談電話番号をオープンにしていたが，一方で，受診歴のない人から，毎年，年間100件を超える新規の相談があった．相談者は，家族などの住民からが半数，専門職や行政からが半数であった．受診前の人も，受診後，治療を受けている人など，相談者の背景はさまざまであった．認知症の人と家族を支える体制にとって，適切な情報提供を行えることは大切なことである．

　1）電話，面接相談：もの忘れサポートセンターしが
　介護家族や専門職が，認知症の医療やケアに関わることを総合的に相談できる場所が少ない．
　私たちは，1999年開設当時から，通院とデイサービス参加者の介護家族には時間制限なしの電話相談を行っている．受診後，相談担当の看護師の相談電話番号を伝え，相談時間制限なしの電話相談を行ってきた（表2-1）．相談者は，認知症専門の医師と認知症ケア担当の看護師で，診断，治療，家族支援，認知症ケアなどのアドバイスが可能であった．そしてさらに，後述する地域との連携を行うこと

表2-1. 保健医療・社会福祉関係者への専門医療相談・技術援助の相談項目と件数

区分	実績	
(1)家族や保健医療・福祉関係者，認知症 相談医や認知症サポート医等からの 新規相談	件数	753 件
	稼働月数	12 か月
(2)家族や保健医療・福祉関係者，認知症 相談医や認知症サポート医等からの 延べ相談	件数	1,107 件
	稼働月数	12 か月

内訳		件数
紹介元	内科診療所	114 件
	精神科診療所	21 件
	病院	50 件
	保健所	0 件
	市町	0 件
	地域包括支援センター	68 件
	在宅支援センター	0 件
	居宅介護支援事業所	127 件
	他施設	43 件
	家族	242 件
	その他	88 件
合計		753 件

2020年度認知症疾患医療センター運営事業実績報告書より

で，地域の医師会，介護事業所，行政などへの情報提供が比較的容易になった．そこで，2004年からは，滋賀県からの委託で，相談センターである"もの忘れサポートセンターしが"を開設した．

　そこでの相談は，面談が1/4，電話相談が3/4であった．電話は，原則匿名でも受け付けた．相談のなかでいちばん多かったのが，家族からの相談で，30％が対応方法について，15％が受診について，11％が介護保険サービスについてであった．また，行政職やケアマネジャーからの相談は，16％が対応困難な家族への支援方法で，

11%が若年認知症に関連することであった．かつては受診についての相談が多く，早期診断の重要性を伝えてきた啓発活動による効果と考えられるが，最近では，受診を悩むような相談は少なくなってきている．また，支援方法についての質問は，外来時や心理教育，交流会などでももっとも多く質問される項目である．

　このように，相談活動のニーズは高く，専門医だけでなく，地域の医師や看護師は，診断や治療などの医療的な相談はもとより，必要に応じて，介護保険サービスや認知症ケアについての相談にも応じられるようになっておきたい．

2）介護事業所への現地相談

　現地相談とは，事業所や施設で抱えている課題に対して現場に出向き，認知症ケアの実践現場で課題解決にいっしょに取り組むことである．若年認知症の対応困難ケースに対し，施設に出向いて，日常的な関わり方をみたうえで，指導を行うために開始された．電話相談や外来受診時に困り事を訴えたケアスタッフからの依頼によって，介護施設へ訪問したところから始まり，滋賀県からの委託の"もの忘れサポートセンターしが"での相談活動の1つになった．

　現地訪問相談の取り組みは，最初は，認知症ケアのスキルを上げようと申し込んできた介護事業所のケアスタッフに対して始められた．クリニックの看護師やケアスタッフ，一部では筆者も同行して，事業所の環境やスタッフの実際の動きを観察し，現場でケアの根拠を議論すること．また，複数回訪問して，2回目以降の訪問の時にその後の改善について再度議論することで，事業所の事情に合わせた，スタッフ自らの力による認知症ケアの改善が図られた．さらに，日々の認知症ケアの課題についてスタッフが集まって話し合うことで，多忙な日常の業務で途切れがちなスタッフ間のチームワークが取り戻された．

　ところが，介護職への国の研修制度である介護実践者研修，実践
リーダー研修に長年携わってきたが，事業所のスタッフが不足し，
入れ替わりも激しいことを背景に，現地相談の希望内容が，年々基本的
な知識を知るための研修とBPSD症例に対しての対応の指導，すなわち，
個別事例への対応のハウツーの答えを求めての研修に変わってきた．

　また，事業所内部に，議論し合う仲間，考え方にアドバイスする
スーパーバイザーがいないことが多いため，最近では，スタッフへ
の激励を必ず忘れないようにしている．

2．現地相談の事例

1）現地相談の依頼内容例
・どうしてもＡさんとうまく関われなくて悩んでいます
・具体的な関わりに展開することができません
・自分たちが行っている認知症ケアがこれでいいのかわからなく
　なりました
・病気の知識はあっても，それをどう生かせばいいのかわかりま
　せん

2）現地相談の実際
　（1）できないことは，できない：起こっていることを俯瞰してみる
　現地相談を始めたころ，あるグループホームからの訪問依頼であっ
たが，入所者間で起こったトラブルについての相談であった (図2-27)．
トラブルの当事者の2人に対して，関わり方の配慮はさまざまにな
されていたが，"顔を見るだけ"で，お互いが不機嫌になるという状
況であった．お互いのユニットの交換も検討課題には上げられたよ
うだが，家族に了解を取ることがためらわれたことと，ユニットを

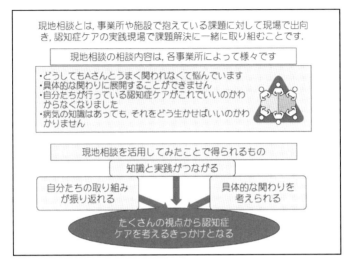

図 2-27．現地相談

変えること自体が，"ケアの放棄"のように思えていたようだった．そこで，多くの議論を聞かせてもらったが，考えられることはすべて試していたようだ．ユニットを交換する方針を提案し，家族の了解を得たうえで，実施したが，トラブル相手の顔を見なくてすんだので，その後のトラブルはなくなった．認知症があろうとなかろうと，人が人と折り合えるのは，それほど簡単なことではない．"できないことは，できない"ということに気づくことである．

（2）"問題"が問題であるかどうかを考える

　遠方の特別擁護老人ホームから，外来に通院していた高齢アルツハイマー型認知症の男性の困り事が不眠とのことで，職員からは睡眠導入剤の処方の希望があった．ところが，付き添ってくるスタッフによっては，不眠の訴えが少し異なる．まったく眠れていないように訴える人と，途切れ途切れではあるが，それなりに寝ているという人とに

2分されていた．そして，ケアの記録をみても，"不眠"との言葉での記載はあるが，スタッフ全員で一見してわかる睡眠パターンの記載がない．そこで，スタッフには，睡眠パターンを可視化するように依頼し，昼間の活動を見に行くことにした．結果的に，断続的ではあるが，夜間に睡眠時間は確保されており，昼間の時間の活動にも問題はなかった．問題の見える化で，"問題"が問題ではなくなった．

（3）環境についてのアドバイス

環境についてのアドバイスをすることも多い．若年認知症へのケアの指導ということで，現地相談に出掛けた．入所直後は，大きな声を発することが多いということで，あまり人の気配のしない静かな場所で，静かに過ごしていた．スタッフは活動に誘っても，乗ってこないという．認知機能障害が悪化しているので，誘いが通じないという．ひょっとして，もう，終末期かもしれないともいう．若年認知症の人への関わりがあまりなかったとのことで，遠方の介護施設に現地相談として，出掛けた．

訪問した時はベッドで寝ている状態であった．問い掛けると，大きな声ではないが，答えてくれる．ゆっくりと，日時や状況や家族のことを聞くと，小さな声ながら正しい答えが返ってくる．認知機能障害はそんなに低下していなようだった．血液検査のデーターをみると，栄養状態は悪くはない．とても終末期とはいえないので，"必ず状態は改善する"という共通認識のもとに，できる限り座位を取らせるようにして，徐々に"わかりやすい声掛け"を増やすことにしてもらった．座位の時間と，賑やかな雰囲気のなかで過ごすことで，笑顔も増えて，問い掛けの反応もよくなった．

昔から，読書が好きだった人とのことで，好みと思える本を渡すのだが，興味をもたないようだ．Apathy（無関心）という行動心理症状（BPSD）と考え，トイレまで歩行できるようになったことを利用

して，トイレまでの歩行の途中にある“物置きになっている本棚”を元の本棚に戻して，何種類かの本を“見えやすく”展示して，“本があります，お好きな本を選んでください”と，わかりやすく掲示した．そして，トイレに行く都度付き添いのスタッフと本棚周辺のスタッフが，“本がありますね”と声を掛けるようにしたところ，何回目かに，本を手に取ってくれた．そんな取り組みの繰り返しで，この人は急激に症状が改善したことは，２回目の訪問で知ることができた．

　“終末期でないことの理解”“認知機能の正確な評価”“Apathy（無関心）への非薬物療法（関わり方）”“本が本棚にあるという物理的環境の整備”“本棚の側で誘い掛けるという人的環境の大切さ”などが，この人の症状を改善した．

　（４）事例の背景にある認知機能障害を学ぶ：ノウハウを聞くのではない

　事例検討の時に，記録に必ず頻出する“帰宅願望”“暴力行為”など，４文字熟語を避けてもらう．たとえば，“帰宅願望”は，毎日夕食前になると，「子供が帰ってくるので帰ります」と何度も訴え，出入り口まで行かれると書けば，背景に，子供が年少で，本人は３０歳代と思っており，昔の家のイメージと施設のイメージが違うということがわかる．背景には，年齢の見当識が悪いことがあり，でも，子供は大事である．そこで，年齢が正確に意識できるように，失われた記憶を補う写真などの“記憶の補助具”を用いたりして，年齢を少しでも“いま”に近づけるか，幼い子供がいる前提で対応する（図2-28）．夕方になると，興奮して，食事もとらず，スタッフに暴言を吐き，“家に帰る”という高齢のアルツハイマー型認知症の女性の症状の背景には，いまが夕方で，介護施設にいるということがわからない見当識障害の存在があった．そして，“ご飯ですよ”の声掛けの代わりに，“夕ご飯ですよ”の声掛けに変え，チャイムの代わりに“夕

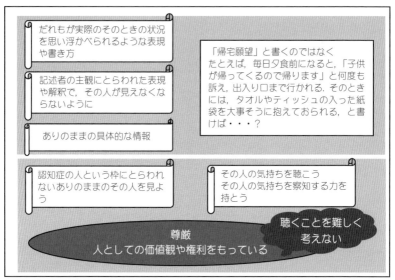

図 2-28. ケアを届けるポイント

焼け小焼け" の音楽を流して夕方であることを意識して, ここに留まることを伝え続けたら, 夕方には帰ろうとしなくなった.

（5）スタッフを評価する

スタッフの活動をアクティビティ記録として残して, そこに指導者がスーパーバイズを入れ, ミーティングで評価する. 訪問施設の状況によっては, クリニックで行ってきた指導方法を行った. クリニックでの事例を提示する（図 2-29）.

3．現地相談のまとめ

現地相談の目的の１つは, 自分たちの取り組みを振り返る機会にして「これでいいのかな」という不安を減らせることである. ２つ目は, 知識と実践がつながるようにするということである. 認知症

アクティビテイ記録を通じたアセスメントとケアの実践（1）

ある日のAさんに関するアクティビテイ記録

活動内容はゲームやカレンダー作りという手先を使った作品作りの場面。周囲の状況は顔なじみの他の参加者と共に，テーブルに向かい取り組む意欲は前向きに感じられた。
まず，最初の手順として，新聞紙の上で箸に色をつける作業であったが，新聞紙に色を塗ってしまわれ，箸に色をつけることは難しかった。続いて，ホワイトボードに書かれた予定を写そうとポケットからティシュペーパーを取りだされたため，メモ用紙と鉛筆を手渡したが，書こうされるも難しかった。

スーパーバイズ

メモを書こうとされる気持ちの向こう側にどんな気持ちがあるのか考えてみよう。	それを考えて活動とつながるといいね。	特徴的な症状も出ているよね。

スタッフの考えの交錯

参加しよう，何かしたいと思っておられる気持ちを大切にしたい。書けないから，代筆をして予定を書いたメモを渡すというのではなく，ご本人と一緒に意向をお尋ねしながら代筆する様な関わりができるのではないか。

今，その症状に対してどうすれば楽に参加できるか，という事を掘り下げて考えられているかな。

失認，失行の症状があるためにできないことに直面しているが，それ以上に，顔なじみの方たちと一緒に何かをしたいと思う気持ちは沢山持っていて下さる。その気持ちを大切に受け止め，関わりを持つには，どのようなサポートがあるのか。

症状でできないことをわかりながら，前向きなサポートをすることが良いのかどうかをもう一度みんなで考えてみよう。

＊青字がスタッフの気付き
＊緑色がスーパーバイズ

➡ ミーテイングで検討へ

アクティビテイ記録を通じたアセスメントとケアの実践（1）

Aさんミーテイングの検討結果

失行，失認があることでの不自由さを，再度，いろいろな場面を想定して確認した。
その上でひとつの活動行程の中で，全く何もしないのではなく，一部分でもできることに参加すること，表情や言葉に今までに気をつけながら，前向きなサポートをしていくことに決定。できた時や事柄は，しっかりと本人に伝え，できないことばかりではないと意識してもらえるようにすること。これらをAさんをサポートする軸としていくことにした。

その後のAさんに関するアクティビテイ記録

＊青字がスタッフの気付き
＊緑色がスーパーバイズ

何もないテーブルにA3用紙をつないでカレンダー作りのために皆で色を塗る。白い紙が目立ち「白い所やね」と迷わず力強く塗っておられた。

テーブルの茶色に大きい白い紙が分かりやすかってのやね。

完成後，「夕焼けみたい」「これは川かな？」との発言があったため，そう見えることを伝えると，「ほんまにそうやわ」と笑顔が出る。活動中も「これでいいよ」と仲間の方にも色を塗ることを勧めながら一緒に取り組まれた。

今回はサポートする側になれたね。

男性の方が段ボール相手に苦戦されている時に，「誰か持ってあげて」スタッフが声をあげると，すぐに席を立ち，男性参加者に協力して下さる。

こんな関わりが大事で，できることが引き出せたね。

「ここに来るのが楽しみ」「まだまだずっと来たいと思ってます」との発言があった。

早い時期からのお付き合いなので，心の寄りどころにして下さっているのかな。気持ちに応えようね。

図 2-29．アクティビティ記録を通じたアセスメントとケアの実践

の研修は，実践者研修，実践リーダー研修というさまざまなものが
あるが，知識としてはわかるが，実際の現場ではどのようにすれば
よいのだろうという，具体的な関わりにまで，落とし込めないとい
う悩みがある．そこで，実際に介護を行っている現場に行って，い
っしょに考えることで，その場ですぐに具体的な行動を起こしてみ
たり，話し合いをしたり，たくさんの視点から認知症ケアを考えて
いけるというきっかけになるためのものとして，位置づけている．

1）現地相談先からの感想

- 実際の施設の環境や関わりをみて，スタッフの気づきを広げな
  がら，認知症ケアの考え方を整理して新たな実践へとつながった．
- ケアをする側のスタッフのサポートに重点をおくことで，認知
  症本人やご家族への関わりの視点が整理され，新たな実践へと
  つながった．
- 継続的な取り組みを続けることで，職場内でチームが形成される．
- 根拠に基づいたケアの実践ができることで自信をもつことがで
  きる．
- 職場でのリーダーが育ち，職場のレベルアップにつながる．

2）現地相談者に求められること

- 現地相談に出向くことで，担当者自身のスキルアップを継続的
  に図る．
- 疾患についての知識をもつとともに，人として考える視点など，
  物事を広く考えることが必要．
- 指摘に出向くのではなく，自らも認知症ケアの実践者として，
  同じ立ち位置で共に考える姿勢が必要．

3）現地相談が認知症の人と家族を支える１歩となるため，今後目指すべきもの

・医師との連携は不可欠であり，多職種協働のシステムの確立を目指す．
・現地相談を受け入れた施設とともに保健所等のバックアップも得ながら，地域の核となることを目指す．
・座学研修から始まる認知症研修をそれだけで終わらせるのではなく，実際のケア現場とつなぐことで認知症の人と家族を支えるという大切な役割の確立を目指す．

多職種地域連携活動

つながりの空白をなくすさまざまな
取り組み

1. 滋賀県認知症ケアネットワークを考える会

　クリニック開設して間もなく，患者さんのやり取りのあるケアマ
ネジャー，介護スタッフなどと，クリニックで話し合いをするよう
になった．当時，とりあえず，フリートークで近況や困っている点
などを話し合ったが，認知症診療に関わることが少なかったかかり
つけ医や専門医とも話し合える集まりが必要ということになった．

　そして，もの忘れクリニックという専門医療機関であること，同
時に往診などを行っているかかりつけ医であること，多くの福祉施
設からの相談に応じていること，そして，若年認知症患者や軽度認
知症患者，他施設で処遇困難と判断された患者などに対する認知症
ケアを行っていることなどから，保健・医療・福祉間のケアネット
ワーク作りを推進すべく，2003年6月の設立記念シンポジウムを経
て，2003年11月から毎月，かかりつけ医，専門医，一般病院勤務医
と介護スタッフ，ケアマネジャー，行政職との合同の勉強会である
「滋賀認知症ケアネットワークを考える会」を開催した（2006年度
からは隔月開催になった）．介護職向けの講義をかかりつけ医と専門医
に交互に行ってもらった後，介護職からの質問を医師が受ける形式
で行ったが，参加している介護スタッフにとって，連携するには壁
の高かった医師たちとの顔の見える交流は，仕事のうえで生かされ

るようになった．開始1年後の参加者へのアンケートによれば，約40％の介護職が何らかの形で，出席した医師と連絡が取り合えるようになり，連携が図られていた．その後，会に出席した医師に働き掛け，湖北（1地区医師会）認知症ケアネットワークの会と東近江（2地区医師会）認知ネットワークの会が立ち上り，それぞれの滋賀県地域振興局（保健所），事業者協議会と連携して活動している．

　その後，全保健所圏域に，医師会と保健所と連携した認知症ケアネットワークの試みが始まり，それぞれの地域医師会と行政がいっしょになった取り組みは，それぞれの地域の地域包括ケアの推進役となっている．当クリニックは，医師会のA会員である立場と，委託事業を受けるなど，滋賀県と密に連携を取っている立場とを併せ持つため，直的的あるいは間接的に医師会と行政の橋渡し役となった．

2．滋賀認知症クリニカルカンファレンスセミナー：
病院医師とそのスタッフ，かかりつけ医との連携

　専門医が，認知症医療のなかでどこまでの役割を果たすべきかという根本的な問題に関係することであるが，かかりつけ医と病院専門医との連携の会である「滋賀認知症クリニカルカンファレンスセミナー」は，国が「病院職員認知症対応力向上研修」を開始するタイミングで始めたもので，病院専門医が診断した後，病院の地域連携室，心理士，認知症専門看護師などの協力を得て，その後の地域との連携の推進を目指した．各地の地域中核病院の実情に合わせて，病院サイドとかかりつけ医サイドがそれぞれの取り組みの発表と事例検討を行った．

　病院の認知症専門医が，主に診断を行うとしても，地域の連携の仕組みなど，診断後の支援の方法をもっていることが重要である．

図 2-30．病院専門医＆スタッフやかかりつけ医のグループワーク

この連携の会でのかかりつけ医との話し合いで，地域のつながりがスムーズになった（図 2-30）．

3.　介護スタッフとの自主勉強会

　現地相談を長く続けていると，現地にきてほしいという要望が数多くあった．個別の対応困難例が絶えないため，自主的に定期的な学びの場がほしいとの希望であった．そこで，現地相談先のケアスタッフに声を掛けて，年間 4 回の自主勉強会の提案を行った．参加者は全員，休みを取っての参加で，クリニックも医師と看護師が，ボランティアで指導を行った．参加者は 70 名を超え，最初の 1 年間は，参加者が自主的に，自分たちの事業所で使えるようなテキスト作りを行った．そして，2 年目は，それぞれが課題事例を出し合って，「テーマ」「対象」「分析方法」「結論」「考察」などについて検討を行い，最後に，仲間のスタッフ，他事務所のスタッフなどにわかりやすく説明・発表できるまでを目指した．途中のスライ

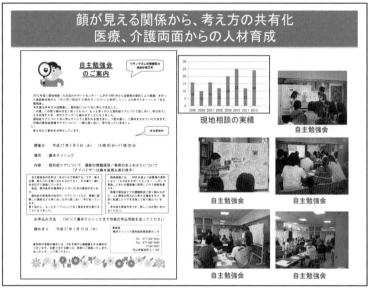

図2-31. 自主勉強会

　ドやポスター作りは，こちらで指導した．他の事業所スタッフとの
闊達な議論で，幅広い見方を学び，それを他の人に伝えようという
作業を行うことで，自らの事業所でのOJT（On The Job Training）役を
果たすようになった．そして，自主勉強会も含めて，さまざまな連
携の会に参加している人たちによって，県内全体の自主学会である
"認知症の医療と介護の滋賀県大会"につながった（図2-31）．

4. 認知症の医療と福祉の連携 IN 守山野洲：多職種連携の会の"戦略的運営"

　多様化する認知症医療とケアの課題解決のためには，さらに共通
の知識や支援の方向性を共有できる垣根のない連携の取り組みが必

要と考え，2013 年から認知症の人と家族によりよい医療と福祉が
提供できることを目的として，クリニックが企画運営をし，地元医
師会と共催で，クリニックが事務局となり，医療職と福祉職が同じ
立場，同じ視点，同じ方向を見据えながら学ぶことで，考え方を共
有しながら，日常的につながりをもつことを目指す事例検討会を始
めた（図 2-32）．

　かかりつけ医，歯科医師，薬剤師，地域包括支援センター，ケアマネ

図 2-32．事例検討会風景

ジャー，ケアスタッフ，警察などが約70名集まり，医師がファシリテーターを行いながら，事例検討会を行っている．若年や軽度認知症のことを学んだかかりつけ医＆サポート医が，企業研修で講師をしている．

1）司会と発表を医師が担当

認知症の医療と福祉連携 IN 守山野洲におけるグループワーク(事例検討)・グループ討議において，たとえば，医師が多職種の意見の取りまとめと発表を担当することにより，医療の視点からの助言にこだわることなく，生活の視点で議論を行うことに馴染んでいった．

2）段階的に参加職種を増やす

毎回のテーマ，事例シートなどの 企画は，藤本クリニックの奥村看護師が，もの忘れ外来，相談センターでの相談，県内ケアスタッフとの自主勉強会などの経験を生かし，前回の議論の様子も考えて工夫し，医師会の了解を得ながら行っている．初年度(2012年度)は，参加者を医師と行政・地域包括支援センターに絞り，疾患のみならず生活全般をみていくこと，本人視点をもつことなどの重要性を学んだ．翌2013年度は ケアマネジャーやケアスタッフにも参加を広げ，より現場に近い形のグループワークに発展させていった．こうした段階を踏むことにより，現場でリーダーシップを取るべき医師が，多職種の意見を引き出し，調整するスキルを自然に身に着けていったのである．

3）疾患別の事例検討で各職種の専門性を引き出す

また2014年度は，認知症の疾患別の事例検討を4回シリーズで行った．各職種がより専門性を発揮しやすい共通テーマ（疾患別アプローチ）を設けることで，専門職が連携することのメリットを体験して

もらうためである．なお，2014年度からは，藤本に代わり，医師会の会長や副会長らが順次，認知症の講義を担当した．発足4年目に当たる27年度の第1~3回（通算では第13~14回）は，薬剤師や歯科医師か講義を行い，薬物や口腔ケアに関する事例検討を行った．

4）その場の状況に応じて会の進め方を変更：第14回の場合
2015年11月26日，本年度3回目となる「第14回認知症の医療と福祉の連携IN守山・野洲」が開催された．会場となったコミュニティホールには，医師，歯科医師，薬剤師，看護師，ケアマネジャー，介護職，行政・地域包括支援センター職員，警察など，70名余りが集まった．

5）アイスブレイクで緊張を緩和
講義，事例検討に先立ち，恒例のアイスブレイクが行われた．藤本クリニックの奥村看護師が，「いちばん好きなおにぎりの具でグループを作ってください」と呼び掛けると，会場のあちこちで「おかか!」「昆布!」「鮭!」といった声が上がり，参加者が賑やかに移動を始めた．
グループ分けが終わると奥村さんが順番に具を聞いていく．「ここは脂の乗った鮭です」と誇らしげに話す8名ほどのグループがあれば，「ツナマヨです」と答える2人きりのグループもあり，そのたびに歓声や笑いが起こる．遅れてきた参加者に奥村さんが好きな具を尋ね，「ちりめんじゃこ」という意外な答えが返ってくると，場内大爆笑となった．

6）講義に事例検討のヒント
場がすっかり和んだところで講義を開始．歯科医師が，専門的な口腔ケアにより誤嚥性肺炎が予防できることを解説し，歯科衛生士が，食事を拒む認知症の人に本人がいちばん好きなお店のコロッケ

を出したところ，食べる意欲が復活したケースを紹介した．このエピソードが事例検討に1つの視点を与える．

7) 事例検討は多角的な視点で

　続いて模擬事例による事例検討が行われた．8つに分かれたグループには，従来どおり医師1名と，今回は歯科医師1名が入り，その他の職種6〜7名がバランスよく振り分けられている．

　事例は，前頭側頭型認知症の78歳男性．今年，誤嚥性肺炎で2回入院している．隣家に娘家族が住んでいるが，関係性が悪く，食事を運ぶ程度の支援のみ．本人は毎日決まったコースを何度も自転車で行き来している．義歯を外しては義歯安定剤を大量に塗り，はめ直す行為を繰り返す．義歯は洗わない．食事の偏りも多い．

　口腔の問題がある事例なので，各グループとも歯科医師に質問が集中し，その説明をみんなで聞く傾向が目立った．これをみた藤本と奥村看護師が，事例検討の途中に会場の片隅で相談し，議論がより双方向的になるように，医師に加えて歯科医師にもグループで出た意見を発表してもらうように急きょ決め，参加者に伝えた．

　発表はまず，各グループの歯科医師が行い，口腔ケア，義歯の調整の重要性などを指摘した．また，歯科受診につなげるためにも，ケアマネジャーの介入，デイサービスやヘルパーの利用など，環境調整が必要であることなどに触れ，グループの議論を要約した．

　医師の発表では，前頭側頭型認知症に特徴的な常同行動に焦点が当てられた．多職種の協力により，まず本人の行動パターンを把握したうえで介入する，あるいは必要な生活行為を常同行動に組み込むといった方針が述べられた．家族への対応にも話が及んだ．ある医師が「娘さんとの関係が悪いということなので，サービス担当者会議を開いて娘さんに病気であることを理解してもらうことが必要」

と発表すると，次のグループの医師が「本人が拒否的な態度を取っている可能性もあるのでは」と述べるなど，異なる視点から意見交換が行われた．

　また，ある医師が，「歯科に行ってもらうよいアイディアがなかなか出なかったのですが，先ほどの講義で好きな食べ物の話があったことを思い出しました．78歳の滋賀県の男性というと，たぶん好物は鮒寿司ですよ．『おじいさん，鮒寿司を食べたいでしょう．そのためには歯をよくしましょう』という動機づけはいかがでしょう」と話すと，会場が大いに沸いた．

8）どの医師がまとめても同じ議論ができる
　閉会後の藤本の感想．「医師の方々の発表には，疾患特性，それを踏まえた多職種の介入，家族支援，サービス担当者会議などの要素がすべて入っていました．いまはどの先生がグループを取りまとめても，視点が偏ることなく，幅広い議論ができます．それがこの間の成果です．鮒寿司の話が出て流れが変わりました．冗談めいた話をしているようですが，実は好きな食べ物を利用して歯科受診を常同行動に組み込むという，非常に本質を突いた提案です．たとえばデイサービスの利用を拒絶する人に対しても，みんなでこのような介入方法を模索することにより，必ず窮状を打開できると思います．本人と家族の関係を多彩な視点でみることも重要です．娘さんの無理解を問題にしていた先生が，「本人の態度に問題があるのかもしれない」という意見が出た時に，「そうか」と納得していました．3年前は疾患や薬の話に終始していたのに，いまは家族関係について意見を交わし，しかも互いに聞く耳をもっている．これまで，事例検討には模擬事例を用いてきた．しかし2015年度からは，地域包括支援センターから提供される実例（困難例）を基に検討を行っている．

　変更の理由を奥村看護師は「この会を始めるときに，長期的な視点に立った全体の流れを考えました．グループワーク等について，地域全体の多職種連携の基礎固めという目的のほか，各回のテーマ設定において流れをもたせることで，参加者が一体感や共有感を得てもらうことをイメージしたのです．もちろん，いきなり実例での検討を行うことも考えましたが，医師が医療の視点だけにとらわれず，生活を支える視点を重視したうえで，リーダーシップを発揮できたとしたら，実際の支援場面での他職種とのつながりも，よりスムーズになるとも考えました．だとすれば，ていねいに，時間をかけ，ぶれることなく進めようと考えたのです．

● 参加者の言葉
　「フラットなコミュニケーションを目的にして行われていたと思うので，とてもよかったと思う.」
　「普段いいにくい大切なことを伝えられる関係が作れればと思います.」
　「多職種でのグループワークは多方面からの指摘があり，新鮮な思いで参加できます.」
　「登場人物に患者本人を入れ忘れたのは問題でした．反省です．医師である自分にとって，グループワークは発見があります.」
● 歴代の会長に聞く
　『認知症の医療と福祉の連携 IN 守山・野洲』は，設立時から現在まで，歴代の守山野洲医師会会長の強いバックアップがあって行われている．この3名の先生方は，ファシリテーターや認知症の講義の講師も務めた．
　・藤井内科・藤井義正　元医師会長
　「医師は他の職種からとっつきにくいと思われているようです.

　この会にしても初めは，"医療機関の玄関に入るのも怖い"と皆さん話していました．それが，グループワークの進行役を私たちが務めることにより，しだいに"医師も意外に話がしやすい"という印象に変わっていったようです．いまは目的を同じくする仲間として議論ができています．職種の違いという壁はあっても，高さはないということで，現場でも手をつなぎ合ってチームケアを進めていきたいと思っています.」

・ほりで医院　掘出直樹　元医師会長

「医師が患者さんや家族から得られる情報は限られています．日常生活について知りたくても，介護職や看護職とコミュニケーションが取れていなければ，患者さんを表面的にみることしかできません．以前からそうした思いが強かっただけに，この会で多職種の人たちの考えや視点を知ることは貴重な経験になっています．また，医師か多職種の意見を採り入れてこそ，リーダーとしてチームを引っ張れることをはっきりと認識できた点も，この会に参加した大きなメリットです.」

・ふくだ医院　福田正悟　前医師会長

「私は会の発足 2 年目の2013年度から参加しています．呼吸器が専門で，以前は認知症で困ることはそれほどなかったのですが，ここ1，2年，認知症の患者さんが急増し，対応に戸惑うケースも増えました．私たち開業医が困ってからこうした会を立ち上げたのでは遅いのですが，藤井先生，堀出先生，藤本先生らが以前から計画的に運営されてきたおかげで，いまは非常に助かっています．最近は歯科医師の先生方の参加も増えており，会の意義は今後ますます高まっていくでしょう.」

・薬剤師さん

「薬剤師は薬を通じて患者さんやご家族と関わることが主なので，

逆に生活上の悩みや要望を抵抗なく話していただける面があるようです．この会に出ることにより，そうしたお話と各職種の方の視点が結びつき，自分も連携のなかで活躍できるという自信が得られています．」

・ケアマネジャーさん

「以前，この会に出られている歯科医の先生にかかった時，『ふだんの業務のなかではなかなか認知症のことが理解できないから参加しているんだ』と話されていました．私たちの取り組みも知っていただけるので，すごく現場で生きる会だと思います．」

「ドクターにこんなことを聞いてもいいのかと躊躇する経験はよくあります．でも，この会にこられている先生方に利用者さんのことで電話をすると，『ああ，あのときはどうも』と気さくに対応してくださるので，とてもお話がしやすくなりました.」

9）連携の会についての考察：コロナの時代に向き合う

　2003年から「顔が見えて話せる会」を目指す「滋賀認知症ケアネットワークの会」の活動を開始し，保健所圏域すべてに「地域版認知症ケアネットワークを考える会」の設立を推進してきた．そして，2012年から顔が見えて話せるだけではなく，「考え方の共有化」を目指した「認知症の医療とケア連携 IN 守山野洲」をスタートした．地域の連携の要に，かかりつけ医がいることは重要で，かかりつけ医が動くということの強みがある．

　その後，この会に参加しているかかりつけ医たちは，滋賀県の若年認知症施策にも，積極的に参加し，滋賀県内の企業研修への啓発活動や，若年認知症の人たちを中心とした「仕事の場」にも，積極的に参加や支援を行ってくれている．

　大人数の連携の会は，コロナのため開催できなくなっているが，

かかりつけ医と専門医，行政，ケアマネジャー，ケアスタッフ間の連携は，日常的に行われているので，2021年度は，医師からの情報提供を行うことで，関係性を維持することとした．あえて連携を意識しない "連携" である．

5．かかりつけ医との勉強会

　かかりつけ医が，認知症についての診断技術を学ぶ機会は，かかりつけ医認知症診断技術向上研修やサポート医研修がある．
　そのほかIN守山野洲の当日，会が始まる前にかかりつけ医が集まって勉強会を行っている．そこでは，かかりつけ医が講師となっている住民啓発，企業研修などの日程の調整や，メンバーそれぞれが委員になっている行政の委員会の情報を交換するほか，クリニックから事例を提示してその検討も行っている．

6．現地相談と連携の会から始まった認知症にかかる医療と介護の滋賀県大会について

　もの忘れサポートセンターしが（医療法人藤本クリニック）が滋賀県から委託を受けた "現地相談" とその後の "自主勉強会" ／守山野洲医師会が行っている連携の会『認知症の医療と福祉連携 IN守山野洲』のメンバーが発案した，滋賀県で活動する認知症の関わる "当事者" "支援者" が垣根を超えて，学び合うために発案された学会形式の勉強会である（図2-33）．参加資格は，唯一，滋賀県で認知症の人と家族の支援に当たっている人というのが条件で，医療職であろうが介護職，行政職，介護家族，そして当事者であろうが，区別はない．また，所属する学会も，職能団体も関係がない．
　また，そこで開催に大きな役割を果たしてくれたのが，「認知症の医

「認知症にかかる医療と介護の滋賀県大会」について

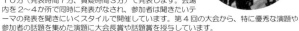

●**大会内容**

滋賀県内において認知症の医療・介護・福祉に関する業務、活動、研究を行っている方（医　療・介護・保健・福祉・行政関係者、教育関係者、学生、団体関係者、その他認知症医療・介護・福祉に関連する活動を行っておられる方など）が、認知症に関連する取組を発表する大会で、今までに５回開催してきました。発表方法は、それぞれの取組内容をポスターにまとめて会場内に掲示し、各座長のもと１演題につき、１０分（発表時間７分、質疑時間３分）で発表します。会場内を２～４か所で同時に発表がなされ、参加者は聞きたいテーマの発表を聞きにいくスタイルで開催しています。第４回の大会から、特に優秀な演題や参加者の話題を集めた演題に大会長賞や話題賞を授与しています。

●**開催経過**

第１回	平成28年（2016年）　３月20日（日）　発表演題　　40演題
第２回	平成28年（2016年）12月18日（日）　発表演題　　47演題
第３回	平成29年（2018年）12月17日（日）　発表演題　　47演題
第４回	平成31年（2019年）　１月13日（日）　発表演題　　34演題
第５回	令和　２年（2020年）　１月12日（日）　発表演題　　28演題
第６回	新型コロナウイルス感染症の感染拡大防止のため、中止

●**会　場**：ピアザ淡海　大会議室（大津市におの浜1-1-20）

●**主催・運営**：滋賀県　医療福祉推進課

　　※県内の保健、医療、福祉関係者による運営会議を開催しながら、本大会を運営しています

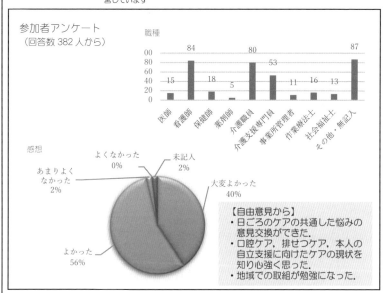

図 2-33.　認知症にかかる医療と介護の滋賀県大会

療と福祉の連携IN守山・野洲」に参加している医師たちである．大会の抄録の査読と座長をお願いしたところ，全員が快く引き受けてくれ，演題提供にも2つ返事で応じてくれた．ケアスタッフと何度もやり取りをして抄録内容のブラッシュアップに尽力してくれたり，座長として発表者を優しくフォローしてくれたり，どの医師も非常に親身に対応してくれた．多職種連携の積み重ねの賜物である．

　そして参加者のほうでは，自主勉強会に参加したケアスタッフが発表者の半数を超えた．抄録の査読のとき，“薬のことを聞かれるかもしれないので，調べておいてくださいね”と，医師が介護職に優しいコメントをくれた．全県下から集まるので，初めて出会う人も多く，いわゆる“顔の見える関係”ではないが，多職種での議論に慣れた医師たちが発表の進行役なので，学会形式の発表が初めての介護職もリラックスして現場での経験を伝えることができた．その背景には，介護職は，十数回重ねたクリニックでの“自主勉強会”で，認知症の人へのケアの現場での解決すべき課題（困り事）に気づき，問題点の“キモ”に気づき，仲間とどのように議論して，解決に結びつけるかを経験していることから，議論が空回りすることがなかったことが挙げられる．

　“滋賀県大会”という，多職種が集まる学会形式の勉強会は，“現地相談”で感じた，多忙な日常である介護現場での議論のできなさを，一度，払拭して，仲間たちで議論するという“成功体験”を経験してもらうための取り組みである．その後，日本認知症ケア学会の全国大会や地域大会などの正式な学会への参加を目指すこともあるが，開催の主旨は，介護現場でのOJTを行えるようにすることであり，医療も介護も協力し合って，共に学ばなければならないのである．

7. 診断初期から終末期まで，在宅医療を24時間支えること：連携を意識しない連携を

　医師だけでなく，看護師，薬剤師，歯科医師，介護職，地域包括支援センタースタッフなどが集まる多職種連携の会である「認知症の医療と福祉　連携　IN守山野洲」では，認知症の本人や家族に関する課題について，かかりつけ医が中心になって講義を行ったり，事例検討会のスーパーバイズを行ったりしている．そして，われわれ認知症疾患医療センターのスタッフは，運営の事務方に徹するとともに，議論の取りまとめを担当している．かかりつけ医が認知症についての講義や議論に主体的に関わることで，認知症の早期診断から始まる長期にわたる医療や介護の現場で，身体疾患の治療や介護家族への精神的な支えになるとともに，在宅療養支援診療所として，認知症の人の在宅療養を支えている．

　企業に対する若年認知症啓発研修では，平成25年度から平成30年度までで，57企業，合計2,032名の職員の講義をかかりつけ医に担当してもらった．産業医として関わっている企業や金融機関，教育委員会への関わりから学校や図書館，検視医としての関わりから警察や運転免許センターなどで研修を行ってくれた．

　また，診療所周辺の地域で住民に対して啓発研修を行ってくれている．さらに，若年認知症の人が内職仕事を行いながら，仲間と交流する"仕事の場"では，地元のいくつかの企業からの内職を紹介してくれた．地域に根ざし，住民とも距離の近いかかりつけ医は，新型コロナに対しても，発熱外来，集団および個別ワクチン接種，自宅や介護施設への訪問ワクチン接種などを積極的に行ってくれている．

　認知症疾患医療センター連携型は，「認知症の医療と福祉連携IN

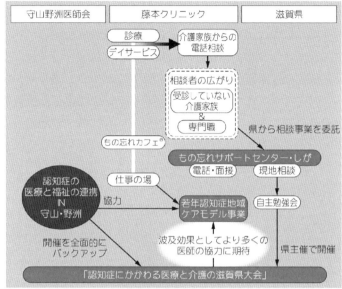

図 2-34.　藤本クリニックおよび滋賀県での取り組み

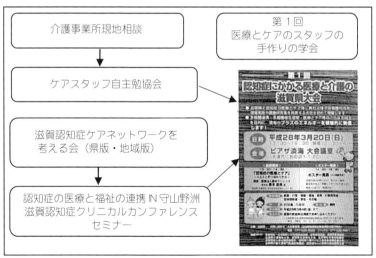

図 2-35.　藤本クリニックの相談・多職種連携・現場からの人材育成

守山野洲」を中心的に支えている在宅療養支援診療所であるかかりつけ医仲間と診療上の連携を取ることで，診療をお互いにバトンタッチしながら，診断初期から終末期までの在宅医療を 24 時間支えている．在宅診療になってからも，BPSD が出現したときには，われわれが往診に行くこともある．専門医もかかりつけ医も，お互いに必要な時に必要なことを行う，連携を意識しない連携である．

もの忘れクリニックが行う若年認知症への取り組み

　若年認知症の人を発症初期から継続的に支えるために，われわれのクリニックでは，診断，病名告知，薬物治療，就労継続支援としての企業への指導，休職・退職直後の居場所である「仕事の場」，病気の受け入れのための「心理教育」，認知リハビリテーション的なケアの場であるデイサービス（DS）「もの忘れカフェ」など，認知機能障害の進行に合わせた非薬物療法としてのケアとオーダーメイドの家族支援を行ってきた．また，地域連携の取り組みとして，「面接・電話相談」，介護事業所に出かける「現地相談」，医療・福祉の「連携の会」を行っている．また，それらの活動を，滋賀県内に広げるために，平成24年度から平成26年度まで，滋賀県から委託を受け「若年認知症地域ケアモデル事業」を行ってきた．本稿では，クリニックで行っている若年・軽度認知症の人への支援活動のまとめと，それを県内に広げるための取り組みとして行われた「滋賀県若年認知症地域ケアモデル事業」3年間の取り組みとその後継事業から，若年認知症の人と家族のニーズから行ってきたインフォーマルな支援が，施策化されていくプロセスを紹介する．

1．滋賀県若年認知症地域ケアモデル事業について

　若年認知症ケアモデル事業は，5つの事業で構成されているが，

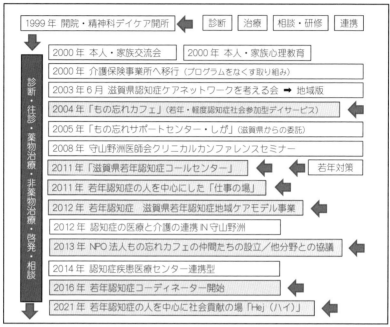

図 2-36. PPCA サイクルで進化してきた藤本クリニックの活動

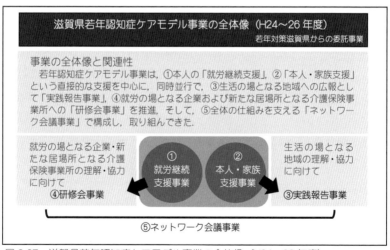

図 2-37. 滋賀県若年認知症ケアモデル事業の全体像 (H24〜26 年度)

われわれのクリニックのこれまでの取り組み，診断時の「就労継続支援」，診断後の「仕事の場」「本人・家族交流会」「本人・家族心理教育」「もの忘れカフェでの認知症ケア」を，「相談センター」「多職種地域連携の会」の活動を通じて，滋賀県内に広げることを目標にした．図 2-37，2-38 に全体像を示し，そのなかの主なものについて詳述する．

1）若年認知症就労継続支援ネットワーク事業

　このなかで，地域ケアを推進することに最も重要なのが，若年認知症就労継続支援ネットワーク事業であった．モデル事業の方向性を決める会議であるが，初年度は，藤本クリニック，滋賀県認知症担当課・介護保険担当課・障害福祉担当課，各地域包括支援センター，滋賀県医師会／地域医師会，産業医医会，社会就労事業振興センター，一般企業，介護家族が集まり，小委員会でブレーンストーミングを行い，事業の方向性を検討した．その結果，企業アンケート，住民啓発，支援マニュアルなどの作成を行った．その後，3 年間で計 9 回の会議を行い，事業の経過報告とともに，企業研修など新たな事業内容を追加していった．ここで，特記すべきことは，ネットワーク会議に，われわれ医師会の連携の会を運営してくれている“かかりつけ医”が参加してくれており，小委員会では，日々の診療終了後に参加して，モデル事業の“骨子”を作ってくれた（図 2-38）．

　専門医の考え方だけでなく，多くの企業に産業医として関わってくれている“かかりつけ医”が，若年認知症についての企業研修や住民啓発に関わってくれたことはモデル事業の地域展開には大いに役に立った．

2）退職直後の就労支援である「仕事の場」のブランチ作り

　行政へ事業説明および継続的な相談，認知症サポート医や地域医師会への説明と協力依頼，企業からの仕事の受注に向けての働きかけ，

【若年認知症就労支援ネットワーク会議】
(24年度)
第1回　平成24年5月17日　出席者26名
議事内容
会議での発言内容と開催後に出席者から提出された「会議参加後の意見」に記載された内容からみえてきた若年認知症支援に関する課題について整理した.
　ア. 本人の就労継続・生活支援に関して
　イ. 家族支援に関して
　ウ. 啓発活動に関して
　エ. 医療に関して
　オ. ケアに関して
第2回　平成24年7月26日　出席者23名
第3回　平成24年11月22日　出席者23名
第4回　平成25年2月28日　出席者29名
議事内容
「本人」「家族」「啓発」「医療」4つのテーマを検討する小委員会で, 議論する.
小委員会の議論で「若年認知症リーフレット」「支援マニュアル」「県内企業へのアンケート調査」「企業研修」を行うことが決まった.

【若年認知症就労支援ネットワーク会議】
(25年度)
第1回　平成25年6月27日　出席者39名
議事内容
若年認知症実態調査報告
企業アンケート・企業研修, 支援マニュアル改訂など
第2回　平成25年10月24日　出席者45名
議事内容
支援マニュアル改訂版発刊 企業アンケートの結果
第3回　平成26年2月27日　出席者33名
議事内容
企業研修テキスト, T市より実態調査報告, 市町の後方支援

【若年認知症就労支援ネットワーク会議】
(26年度)
第1回　平成26年6月26日　出席者45名
議事内容
モデル事業2年間の報告
「仕事の場」ブランチ作りについて
第2回　平成27年2月5日
出席者43名
議事内容
「仕事の場」県外ブランチについて
「仕事の場」の動向 (高齢軽度, 若者サポステなど)

図2-38.　若年認知症就労支援ネットワーク会議 (平成24年度~平成26年度)

支援者に対しての協力依頼などを行って, 県内3市で「仕事の場」のブランチの取り組みが始まった (図2-39). そして, 「仕事の場」を若年・軽度認知症の人に対する居場所の提供としてだけでなく, 最初期の認知症ケアを提供する場所として運営方法を統一するために, 「しが仕事の場ネット」を立ち上げ, 定期的に各事業所, 行政, 県が集まった. 平成26年度~平成28年度まで, 年3回, 現場での実践研修会を開催した.

　また, 「本人・家族心理教育」や「仕事の場」を県内に広げるために, 滋賀県からの委託で, 人材育成の場として, それぞれの実践現場でその"やり方"と"考え方"を学んでもらう「若年認知症実践研修」「軽度認知症実践研修」を行った (図2-40).

「仕事の場」県内ブランチ

滋賀県若年認知症地域ケアモデル事業（H24〜H26）を通じて，
3事業所，3市町で動き始める

取り組みの始まり
行政へ事業説明および継続的な相談
認知症サポート医や地域医師会への説明と協力依頼
企業からの仕事の受注に向けての働きかけ
支援者に対しての協力依頼等，各地で取り組む

仕事の場A　　H26年11月開始
参加者　5名
若年認知症の人　　　　2名
高次脳機能障がいの人　1名
精神障がいの人　　　　2名

仕事の場B　　H26年12月開始
参加者　4名
若年認知症の人　　　2名
軽度認知症の人　　　2名

仕事の場C　H26年11月開始
参加者　3名
軽度認知症の人　　　2名
精神障がいの人　　　1名
若年認知症の人　　　1名

図2-39.「仕事の場」の取り組み

図2-40.　さまざまな「居場所作り」研修

3）若年認知症に関する企業研修

（1）滋賀県内 1,100 社に対する企業アンケート

　上記のネットワーク会議で県内企業へのアンケートを行うことが提案された．理由は，企業人には，若年認知症の知識が乏しいと思われること，予備知識を与えなければ企業研修が"人権研修"の一部に組み込まれてしまい，その後の支援体制を作るまでに至らないおそれがあることなどであった．これは，会議に参加していた何人かの企業人からのアドバイスであった．その後，県内 1,100 社の企業にアンケートを行った．半数が大企業，半数が中小企業である．

　アンケートの結果，認知症のことは 90％が知っていたが，若年認知症については 70％であった（図2-41）．

　また，企業が可能な支援策としては，相談窓口への情報提供，配置転換，勤務形態の変更がそれぞれ 50％であったが，家族への支援は 20％弱であり，その点については企業の支援の範囲ではなかったことが明らかになった（図2-42，2-43）．

（2）企業研修について

　研修は，クリニックが研修資材を作成し，毎年，年度始めの連携の会で，この事業に参加してくれているかかりつけ医とともに修正

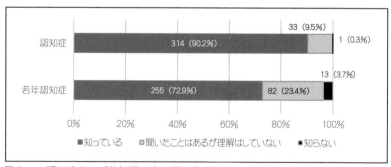

図 2-41．認知症および若年認知症の認知度（有効回答；認知症＝348，若年認知症＝350）

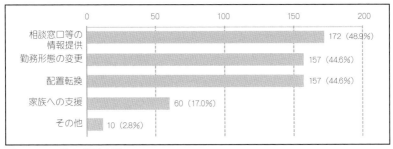

図 2-42.　可能な就労支援（1＝352，複数回答）

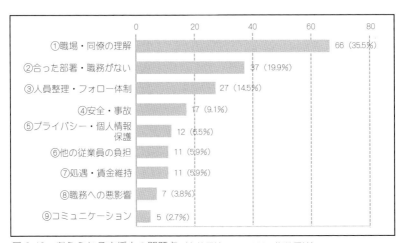

図 2-43.　考えられる支援上の問題点（有効回答；n＝186，複数回答）

を行った．研修の結果を図 2-44 に示す．

4）相談活動
（事例）
　突然，本人が相談なく退職をした．その直後に相談があったため，傷病手当等について雇用者側と交渉した．"仕事の場" 開始時の 3 人の参加者の 1 人であるが，経済面ではある程度の資産はあったが，

企業研修・啓発事業

若年認知症に対する理解が促進されるよう，周知・啓発を行うとともに，重要な支援の担い手となるべき企業・職場に対する出前研修を実施．また，企業への出前研修が各地域で実施できるようテキストの作成や講師へのノウハウの普及を行う．

	25年度	26年度	27年度	28年度	29年度	30年度	合計
研修実施回数	3回	9回	10回	9回	8回	16回	55回
参加人数	67名	378名	255名	352名	396名	649名	2097名

研修内容は，**認知症の基本的な理解から始め，若年認知症に関する話へとつなぐ**流れで実施．若年認知症に対する企業研修・啓発事業1回の**研修時間は，1時間**と定める．研修の講師は，**サポート医（かかりつけ医）**として若年認知症施策への参加を促した．

図2-44.　若年認知症に対する企業研修・啓発事業

滋賀県若年認知症コールセンター

「滋賀県若年認知症コールセンター」として，ワンストップで総合的な相談事業を行うことができる窓口を設置して応需するとともに，必要に応じて，関係者を含む支援調整のためのカンファレンス等を開催する．

	27年度	28年度	29年度	30年度
相談件数	121件	114件	102件	106件
カンファレンス職場との調整等	51件	48件	31件	28件

電話相談が多く，最初は匿名で話し始めることが多い．こちらからの質問を多くせずにまず，聞く．

図2-45.　滋賀県若年認知症コールセンターにおける相談支援

管理ができず，理解ができないままの資産運用を行い，アパート経営の契約を行っていることが発覚した．娘さんがいたが，未成年者では後見人にはなれず，兄弟に依頼するが関係性が悪く困難を極めた．結局，親族が保佐人に任命され，契約解除はできたが，本人と親族との関係が悪化（本人の妄想）し，弁護士へ変更を希望した．

　この間，娘の大学資金などが滞ったり，資産はあっても日常の管理ができずに生活困窮となってしまっていたため，社会福祉協議会の日常生活自立支援事業を利用した．一方，娘は負担増大から心理的ダメージが大きく，不安定な状況となったため，保健所，地域包

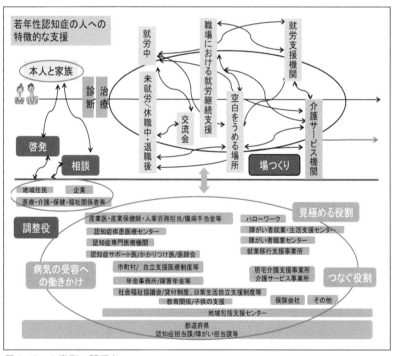

図 2-46．本事例の関係者

括支援センター，大学の学生課と心療内科受診，カウンセリングなどでサポートに入った（図2-46）.

また，度々の行方不明や近所トラブルについては，自治会長，民生委員を中心にカンファレンスを行い，介護サービスの導入とともに地域で見守った．娘が成人したことから後見人となり，今後を見据えて，GHへの入居となった.

5）モデル事業の意義について

ここで,若年認知症地域ケアモデル事業の3か年のまとめとして，5つの事業を通じて確認できたことを考察したい.

若年認知症の人への支援を考えるとき，若年認知症特有の課題も多い．一方で，支援の対象者を，若年認知症の人だけでなく，高齢の軽度認知症の人，障がいをもつ人，社会とつながりがもちにくい若者，それらの介護家族など，数多い制度の挟間にある人にも広げていくと，お互いが相互補完的に支え合う場となった．そして，それらの人たちへの支援に，医療機関や介護サービス事業者だけでなく，ときには介護家族同士，企業，行政，ボランティアの人たち，そして，障害関係の支援者，産業関係の担当者などが参加することで，関係者それぞれが支援の枠組みを超えて支え合う場となった.

また，これまで，認知症には，あまり関わりのなかった企業を巻き込んでの啓発では,高齢者も含めた認知症の理解の推進とともに，相談窓口の周知を行うことができた．さらに，研修の講師を，産業医も行っているかかりつけ医にお願いしたことで，企業人には少し身近な取り組みになったと考える（図2-47）.

モデル事業全体を通して，若年認知症者は，企業など社会の仕組みの中心と関わりをもっており，また，自らの病状についてはっきりと訴えることができ，さまざまな支援サービスについて，その良

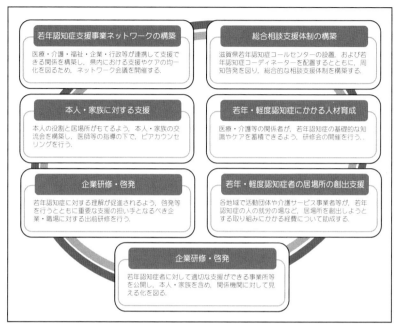

図2-47. 滋賀県における若年認知症施策の目指す方向性（滋賀県資料より）

し悪しを直裁に訴えることができるため，高齢者を含めた認知症全体の支援のレベルを押し上げることになった．そして，日常臨床の感覚では，若年認知症の人の診断を行った際に，就労継続支援に際しての企業へのアクセスや仕事の出来具合の話し合いが，以前より，格段にスムーズに進んでいくように感じている．

6）モデル事業の後継事業

若年認知症の人を支えるケアの場を広げるために，若年認知症支援者見える化事業の委託を受けた．研修，自験例の発表，事例検討会などを行い，その後，滋賀県のホームページに紹介された．

7）モデル事業を施策化する，委託先を広げる

　クリニックが委託を受けていた「もの忘れサポートセンター・しが」は，県内７つの他の地域型認知症疾患医療センターに広げられた．また，滋賀県若年認知症コールセンターは，２つの地域型認知症疾患医療センターに広げられた．また，３箇所の「仕事の場」のブランチも，「若年認知症支援者見える化事業」に参加した介護事業所や「認知症カフェ」などに広がった (図2-48)．企業研修は，クリニックで作成した研修資材を用いて，各圏域の地域医師会の協力を得て，８つの保健所圏域でそれぞれ独自で始められる予定である．点（現場）から線（現場同士）が繋がり，かかりつけ医と行政の力で，面（施策化）に広がったのである．

　施策化の拠点となった医療法人藤本クリニックのこれまでの取り組みによる経験値を活かす形で，それぞれが有機的な相互関連性を

介護事業所に対する若年認知症研修　　　　滋賀県からの若年認知症施策の説明

介護事業所からの事例発表

図 2-48．若年認知症支援者見える化事業：事業所研修＆事例検討
（滋賀県からクリニックへの委託事業：平成 29 年度）

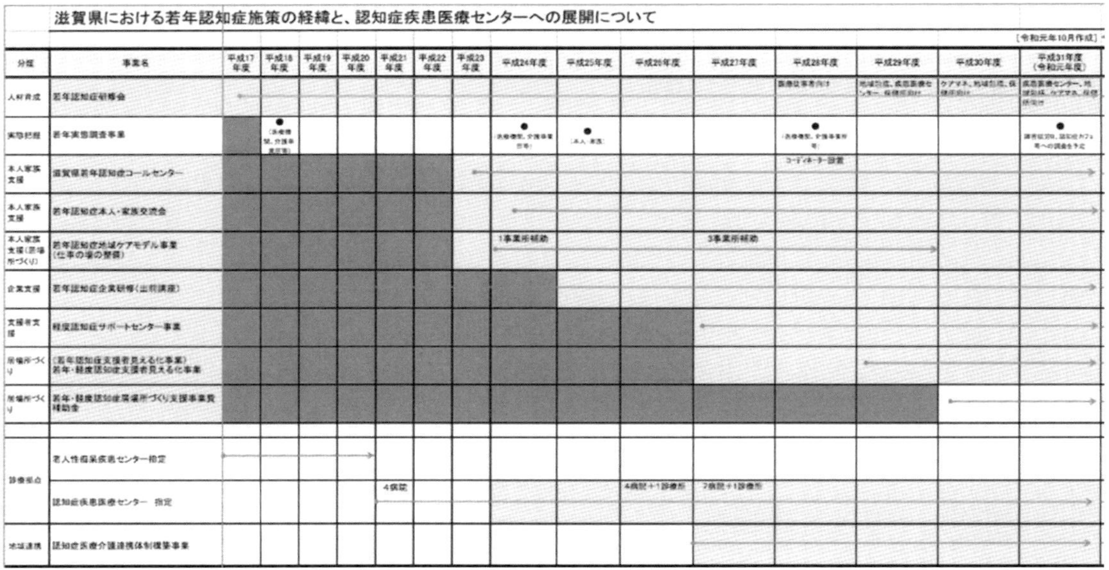

滋賀県における若年認知症施策の経緯と、認知症疾患医療センターへの展開について

藤本クリニックが委託を受けた事業

図 2-49. 滋賀県における若年認知症施策の経緯と、認知症疾患医療センターへの展開について

もちながら展開し，"特別な一地域の"活動にとどまることなく，ま
た，県事業としての"一時的な"取り組みにならないことを意識し，
県内の他地域への波及，継続的な関係者・機関による理解につなげ
ることは達成できたと思われる（図 2-49）．最後に，診断に携わる医
療機関として，早期診断を行った責任を果たす一環として，支援の
空白期間を埋める取り組みが行えたことは，大きな意味があったと
考える．

8）若年認知症に関する残された課題

　若年認知症対策が広がっても，いくつかの課題が残っている．1
つは，軽度期の人の受診が増えていく反面，未診断や診断後であっ
てもその後の支援を受けていない進行期の人の初診がなくならない
ことである．

　さらに，軽度期であっても，"変化する認知機能"とそれに対する
本人の"密かな不安"に，だれが気づき，だれが対応するのであろ
うか？　さまざまな"居場所"作りは好ましいことではあるが，単
なる"居場所"であってはならない．その場が，仕草や会話のトー
ンといった非言語的に訴えている"密かな不安"の発露に気づくこ
とができ，向き合ってくれる"伴走者"を育てる場でなければなら
ないのである．

あとがきに換えて
地道なことを進化させること

　2011年から始めた「仕事の場」は，休職直後の3人の若年認知症の男性が，内職仕事でもいいので仕事を通じて社会とつながり，仲間とともに過ごせる場所を希望したので，看護師がインターネットで内職仕事を検索して，偶然近くのペットの玩具工場を見つけて，内職をもらった．その際に，3人の若年者とともに工場に出かけ，工場の社長さんに事情を話したが，「僕と同じ年やね」と内職をいくつか任せてくれた．その後，地域の支援者や医師会仲間から内職は増え続けたし，発達障がいや社会とつながりにくい若者などが参加し，総勢数十人もが週に1回集まる場所になった．

　ところで，スタッフがこだわったのは，内職仕事の完成度，完成を目指すために不要な手伝いをしないこと，仕事ができなくなったら正直に伝えて次の居場所を紹介することであった．しかし，能力の低下を本人に伝えて「仕事の場」を離れてもらうことは，病名の告知に比べても大変なことであった．病名の告知は，一時的にショックを与えることがあっても，その先の不確定な"未来"を，何とか希望があるように伝えることができたし，支援者もそう思うように自らを奮い立たせることができた．しかし，症状の悪化に伴って居場所を換えるように勧めることは，殊の外難しく，大げさに言いすぎると本人家族とも落ち込んでしまうし，オブラートに包んだ言い方だと意図が伝わらない．いったんは「仕事の場」という仲間の

いる居場所に辿り着いているために，そこから他の場所へなんてとんでもないことであった．

　私たちが何人もの辛い経験のなかで学んだことは，「仕事の場」だけでなく，「本人家族心理教育」「本人家族交流会」「もの忘れカフェ」「Hej（ハイ）」と支援の空白をなくすために作った5つの居場所で，認知症の人本人の過ごし方や振る舞いの変化から，その"思い"をできる限り汲み取いながら，それでも必要なことは伝えていくという"強さ"が支援者には求められるということであろう．「間違っていることを指摘しないの，自分たち（支援者）が楽になるためでないのか？」と勘破した若年認知症の人の言葉は，「（支援のうえで）辛いことは専門職であるあなた方が背負いなさい」といった，以前指導を受けたデンマークのオーフス市のカリタスプライエム（日本での特養）の所長，ベゲット・ミケルセンの言葉に通底する．

　認知症の医療とケアの現場に立ち続けて30年間，支援の仕方に手本はなかったので，奥村看護師たちスタッフと認知症の人と家族のニーズを聴きながらの活動展開であったが，2021年に，診断直後の若年認知症の女性に「仕事の場」ではなく，「Hej（ハイ）」と「心理教育」への参加を促したことは，少人数で参加者の心理状態を細かくみていけるという意味で，支援の原点に戻ったともいえる．

　1999年から始めた「心理教育」がいまも有用なのは少し誇らしい．そして，2021年には医療の現場に姿を見せなかった"疾患修飾薬"ではある．いずれ実現するであろうときのことを考えて，現場での"実際"を考えているが，結論は，いま行っている診断，薬物治療と非薬物治療，家族支援，地域連携などを地道に充実させることが必要なすべてであろう．

　さて，2022年2月始め，片道1時間半かけて琵琶湖の向こう側から初診の患者さんがやってきた．MMSE13点のこの患者さんには

　3名の家族が付き添ってきていて，再診断の必要性と治療方針を伝え，介護上のいくつかの疑問点に答えた．アルツハイマー型認知症と診断を受けていたこの人は，おそらくレビー小体型認知症と再診断するであろうし，直前のことを忘れるのに昔のことを覚えているという，記憶障害の"イロハ"から，道順がわからないという視空間認知障害までの説明が必要であった．今後，往復3時間以上の通院となるだろうこの人たちは，「定期的にくるので，いろいろなことを教えてください．電話での相談もお願いします」といって帰って行った．この人たちの別れ際の明るい笑顔を見て思った．診断も，診断後支援も足りていない，と嘆くことは簡単だが，それではなにも解決しないと．われわれのクリニックがある守山野洲地区の医師会の医師仲間が，何年もかけて認知症の人と家族に対する役割を見つけ，行政やケアスタッフたちと連携することで，地域づくりに貢献しているように，必要なことは，1人ひとりに対する地道な取り組みを倦まず弛まず積み重ねていくことであろう．新たな課題が見えてくれば，またそこで，みんなで考えればよい．

　本書を，認知症医療とケアでの同志である奥村看護師とスタッフ，縁あって関わりをもつことになったすべての人たち，力足らずご縁が切れてしまった人たち，そして，1990年に受講した国立療養所菊池病院の認知症研修でメンタルケアについて教えてくださり，その後も，折に触れ，スタッフも含めてご指導くださった故室伏君士先生に捧げる．

藤本直規（ふじもとなおき）

医療法人藤本クリニック理事長・院長．医師，医学博士．
日本認知症学会専門医，日本神経学会認定専門医，日本老年医学会
老年病専門医．
1978年京都大学医学部卒業．
1990年県立病院にもの忘れ外来を開設
1999年4月　もの忘れクリニック（医療法人藤本クリニック）を開
　　　　院，現在に至る．
【主な著書】
「わたし認知症だと言われてしまいました」ワールドプランニング，
　東京（2016）．
「若年認知症の人の仕事の場づくり」クリエイツかもがわ（2014）．
「認知症ケアこれならできる50のヒント」クリエイツかもがわ
　（2013）．ほか多数

認知症の人との絆

2022年4月5日　第1版

定　価　　本体2,600円＋税
著　者　　藤本　直規
発行者　　吉岡　正行
発行所　　株式会社　ワールドプランニング
　　　　　〒162-0825 東京都新宿区神楽坂4-1-1
　　　　　Ｔｅｌ：03-5206-7431
　　　　　Ｆａｘ：03-5206-7757
　　　　　E-mail：world＠med.email.ne.jp
　　　　　http：//www.worldpl.com
　　　　　振替口座　00150－7－535934
本文イラスト　山田かなこ
印　刷　　三報社印刷株式会社